最強の現場力にアップデートする
実践的方法論

新しい現場力

遠藤 功

Isao Endo

東洋経済新報社

はじめに　〜現場力は死んだ〜

「現場力なんてもうありませんよ……」ベテラン班長の本音

「現場力なんてもうありませんよ……」

ある大手部品メーカーの主力工場を訪ねた際、50代のベテラン班長から発せられた言葉に私は絶句した。

昼間に行われた工場改革についての意見交換会には、製造現場の課長や班長クラス約20人が集まった。重苦しい空気が会議室を支配し、みんな押し黙り、たいした話は出なかった。

しかし、意見交換会終了後、リーダークラスの班長4人と居酒屋で一杯やっているうちに、お酒の力を借りてか本音が出はじめた。

「人が増えても派遣社員ばかり。その面倒を見るので手一杯」

「自分の後継者を育てなきゃと思うが、久しぶりに配属された若手の正社員は1年足らずで辞めた」

「契約社員を正社員に登用する制度はあるけど、枠は限られているし、何度も落とされて、かえってモチベーションを下げてしまう」

「本社から指示される管理項目がやたらと増えて、提出する書類作成で忙殺される。部下とのコミュニケーションの時間さえとれない」

「新しい検査機器を入れてほしいと何年も要望しているが、毎年先送り」

「こんなに忙しいのに赤字は続いている。給与も上がらないし、惰性でやっているだけ」

「こんな状況で現場力なんて高まるはずもない。先行きは真っ暗」

激変する環境の中で、彼らはもがき、必死に戦ってきた。

しかし、いまではその気力すら失っている。

ひとりのベテラン班長は過去に私の著作も読んでくれ、大いに共感したと教えてくれた。

その班長が**現場力などもはや幻想であり、すでに死んでいる**と言う。

彼らはまるで「刀折れ矢尽きた野武士たち」のように私には見えた。

現状を維持することすらままならない状況

こんな状況は、この現場だけではない。製造現場だけでなく、物流の現場、サービスの現場、営業や販売の現場でも、似たような状況が広がっている。

人手不足から人手枯渇の時代に突入し、さらに人材の流動性がいっきに高まったことにより、**人を確保し、現状を維持することすらままならない状況**に陥っている。

ある大手企業の営業現場でのワークショップでは、こんな言葉が次々と出てきた。

「相変わらずの個人商店の集合体。仲間意識もなければ、一体感もない」

「とにかく働く環境が劣悪。仕事をしない年配社員がいるだけで、若手社員のモチベーションは下がる。なのに、会社も上司もまったく手を打とうとしない」

「上司は選べないが、会社は選べる。やる気のある人から当然のように去っていく」

私は２００４年に『現場力を鍛える』を出版して以来、**現場力こそが日本企業の競争力の源泉**であると信じ、その強化のために微力ながら尽力もしてきたつもりだった。

しかし、それから20年。

日本企業の現場を取り巻く環境はますます悪化し、劣化を食い止めるどころか、現場力は跡形もなく消えてしまっていた。

劣化はしているが、現場力は必ず再生できると私は思っていたが、もはやそんな状況ではないと認識を改めざるを得ないところまで追い込まれている。

現場が競争力の柱になるどころか、**経営の足を引っ張り、倒産や廃業に追い込みかねないようなレベルにまで転げ落ちている。**

現場力の劣化を食い止めることはできなかった

「変調」はあった。

２０１９年10月21日号の『日経ビジネス』では「さびつく現場力」という特集が組まれた。[1]

「低成長の日本経済。付加価値を高めることが、世界で戦い抜く力となる。そのカギを握るのが、自ら考え、課題を解決し、品質や効率を上げる現場力。ところが、その現場力がさびついている」という内容だった。

私も取材を受けた。「日本企業だからといって、すべての会社に現場力が備わっているわけではない。現場力の格差が広がっている」といったニュアンスのコメントを述べた覚えがある。

　しかし、その認識は間違いなく甘かった。

　私は日本企業の現場を取り巻く環境変化を楽観的に考えていたのかもしれない。「制約があればあるほど現場は強くなる」と、現場力を過信していたと認めざるを得ない。

格差どころか、ほとんどすべての日本企業から現場力は消え失せようとしている。

「現場力なんてありませんよ」というベテラン班長の言葉は、「現場力は必ず再生できる」という私の「お花畑発想」に冷や水を浴びせかけた。

　そして、そこから坂を転げ落ちるかのように、日本を代表する企業でさまざまな品質不正や不祥事が発覚していった。

不正や不祥事の発生は、現場の「声なき悲鳴」

　２０２１年６月、私が以前勤めていた**三菱電機**で鉄道車両用空調装置の検査不正が発覚した。それを皮切りに国内16拠点で１９７件もの不正が明らかになった。

　２０２２年３月には、**日野自動車**でエンジン不正が見つかった。社内調査によって日本国内向けエンジンの排出ガスや燃費の不正が発覚し、型式指定の取り消し処分を受けた。

　２０２３年７月には、中古車販売大手**ビッグモーター**が事故車の修理に伴う保険金を水増し請求し、過大に保険金を受け取っていたことが発覚した。

従業員がゴルフボールを靴下に入れて振り回すなど意図的に車両に傷をつける事件などが大々的に報じられ、世間を騒然とさせた。

そして、２０２３年12月、**ダイハツ工業**で認証試験の不正が明らかになった。新車の安全性を確認する試験などの不正が見つかった。その対象は国内で生産・開発中の28種すべてに及んだ。

報告書をまとめた第三者委員会は「責められるべきは現場ではなく経営幹部だ」と断じた。

ダイハツの検査不正のニュースを聞いたとき、私は**「現場力は死んだ」**と直感的に感じた。

ダイハツはトヨタ自動車の子会社であり、軽自動車をはじめとする小型車の開発や生産を担っている。

「現場力の総本山」とも言えるトヨタグループでこのような大規模の検査不正が起きてしまう。この事実はきわめて深刻である。

続発する大企業での不正や不祥事。

これは、これまで声を上げることができなかった現場の「声なき悲鳴」にほかならない。

もう一度、現場力を鍛え直さなければならない「2つの理由」

「現場力の消滅」というきわめて深刻な事態を私たちはどう受け止めればよいのか。

「現場力やボトムアップなど不要だ。これからは欧米型のトップダウン型経営でやっていけばいい」と割り切ることもできる。

しかし、本当にそれでいいのだろうかと私は躊躇する。

その理由は次の2つだ。

①日本企業が勝ち残っていくには、これからも現場力が必要不可欠

ひとつめは熾烈なグローバル競争下で、日本企業が勝ち残っていくためにはこれからも現場力が必要不可欠だと思うからである。

経営とは**「模倣困難性」を競うゲーム**である。競争相手が真似のできない「何か」を構築することに成功した企業が勝ち残る。

「模倣困難性」には多様なものがあり得るが、近年のグローバル競争を見れば、資本力を梃子にした「スケール競争」の様相がますます強くなっている。

モノやサービスのコモディティ化が進む中で、**強大な資本力を背景とした規模の追求に**

成功した企業のみが勝ち残る構図が鮮明だ。

しかし、残念ながらこの「スケール競争」においては、ほとんどの日本企業には勝ち目はないだろう。日本よりもはるかに資本力が強大で、規模の大きな国、企業がこれからも登場してくるのは間違いがない。

日本企業はたとえ市場規模は小さくても、**緻密性や精密性、繊細性が求められる高付加価値市場で戦っていくしかない。**

そして、高付加価値路線で勝ち残るには、現場力という「模倣困難性」を捨てるわけにはいかない。

②従業員の幸せの追求

2つめの理由は、**従業員の幸せの追求**のためである。

ＡＩ（人工知能）の社会実装が進む中で、「人間が果たすべき役割とは何か」があらためて問われている。

現場で働く人たちをコスト扱いし、搾取する企業は、これからは間違いなく衰退していく。

現場で奮闘する人たちが仕事にやりがいを見出し、幸せになるためには現場力は必要不可欠である。

会社のために現場力が必要なのではない。

現場で働く一人ひとりの従業員のために現場力の火を絶やしてはいけないのである。

すばやく臨機応変に対応するアジャイルな「新しい現場力」を手に入れる

20年前、私は拙著に『現場力を鍛える』と命名した。

現場力は最初から存在するものではない。現場に眠っている現場力という潜在的なパワーを覚醒させ、鍛えなければならないというのが、このタイトルの意味である。

それになぞらえれば、私たちは**もう一度ゼロから現場力を「鍛え直す」必要がある。**

「鍛え直す」といっても、単純に元に戻せばいいというわけではない。

これまでの現場力は、ひとつのことにこだわり、愚直に「深める」ことに主眼が置かれていた。

その典型例が「品質」だ。品質にこだわりつづけてきたからこそ、日本のモノづくりは世界を席巻することができた。

しかし、それは製品主体の工業化社会において求められる現場力だ。

これからも**「深める」現場力は必要**だが、ソフトウェア主体のデジタル化社会においてはそれだけでは不十分だ。

モノだけにこだわらず、ソフトウェアやサービス、ソリューションといった異なる問題解決の発想やアイデアに**「拡げる」ことが不可欠**だ。

そのためには、すばやく臨機応変に対応する「アジャイルなケイパビリティ」（機敏な組織能力）を身につける必要がある。

企業を取り巻く環境、働く従業員の価値観、そしてテクノロジーは大きく変化している。そうした**「新たな環境」に適合する現場力へとアップデートする**ことが求められている。

本書ではアップデートする現場力を**「新しい現場力」**と呼ぶことにしたい。

現場力をアップデートするには、経営そのもののアップデートが不可欠

言うまでもなく、経営は現場力だけで成り立っているわけではない。

企業の存在意義や大目標を示す**経営理念**や**ビジョン**、熾烈な競争環境の中で理念・ビジョンを実現するための**合理的な競争戦略**、従業員がいきいきと働くことができるための**健全で良質な組織カルチャーの醸成**など、日本企業が再生・変身するためには、さまざまな要素の抜本的な見直しが必要不可欠である。

しかし、個々の要素を切り出して、バラバラに再検討したところで、日本企業の再生は果たせない。

企業は有機体である。さまざまな要素を結合させ、統合させてこそ、顧客や社会が必要とする価値を生み出すことができる。

大事なのは、個々の要素を個別に見直すのではなく、それぞれの要素間の整合性や一貫性を担保することである。

現場力という観点から見れば、理念・ビジョンを打ち出すことが目的ではなく、一人ひとりの従業員が理念・ビジョンに共感し、その実現のためにそれぞれの役割を果たそうと奮起することが大切である。

競争戦略についても、**実行を担う現場力との整合性が担保され、現場力を活かし得る戦略であることが真の合理性**である。

そして、現場力が発揮されるためには、健全で良質な組織カルチャーを醸成することが必要であることは言うまでもない。

本書の主題である「新しい現場力」を生み出すためには、理念・ビジョン、競争戦略、組織カルチャーというほかの要素と結合させ、一貫性を担保しなければならない。

これを私は**「串団子」モデル**と呼ぶことにしたい（図表0-1）。

競争戦略、現場力、組織カルチャーという「3つの団子」を理念・ビジョンという「一本の串」で突き刺すのである。

つまり、現場力をアップデートするためには、経営全体をアップデートすることが必要

図表0-1　「串団子」モデル

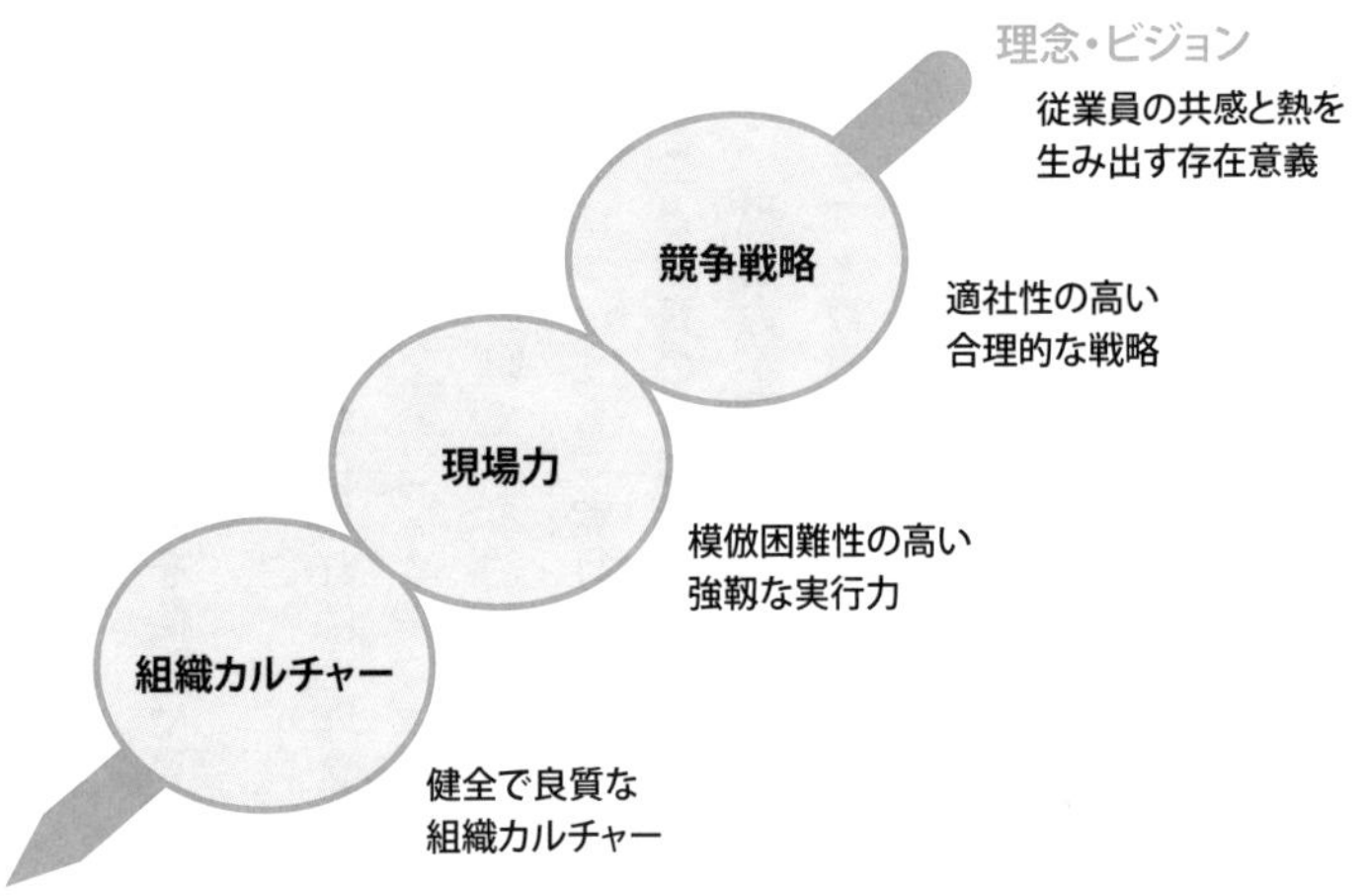

不可欠なのである。

2つのサブテーマをもとに現場力を再考する

本書のメインテーマは**「現場力の進化」**である。

そして、それを解明するためには、次の2つのサブテーマを考察する必要がある。

サブテーマ①

日本企業の競争力の源泉である現場力をどのようにアップデートし、「新しい現場力」へと進化させるのか？

サブテーマ②
「新しい現場力」を核にしながら、経営全体をいかにアップデートし、「串団子」モデルを構築するのか？

本書の第Ⅰ部（第1章～第4章）では、サブテーマ①を中心に論考する。

第1章では、日本企業の現場でいま何が起きているのかを「虫の眼」と「鳥の眼」で考察する。

第2章では、現場力とは何かをあらためて考え、なぜこれからも現場力が必要なのかについて言及する。

第3章では、現場力が死に絶え、消滅してしまった根本理由について掘り下げて考えたい。

第4章では、進化すべき「新しい現場力」とはどのようなものかについて解明していく。

第Ⅱ部（第5章～第7章）では、経営全体をアップデートする方策について論考する。

第5章では、「串団子」モデルとは何かを解説し、4つの要素の整合性、一貫性を担保するための要諦について考えてみたい。

第6章では、「串団子」モデルを実践し、「新しい現場力」の構築に成功している2社

（日本電子、ドリーム・アーツ）を「ケース」として取り上げ、事例研究を行いたい。
そして、第7章では、「新しい現場力」を実現するためにリーダーはどうあるべきかについて考察する。

昭和の臭いを引きずった古いタイプのリーダーはもはや通用しない。従業員を主役に据え、幸せにすることができるリーダーシップが求められている。

日本企業が輝く未来を創り出すには、現場力の進化は欠かすことのできない絶対条件である。

未来を創造する「新しい現場力」とはいったいどのようなものか。

一緒に考えていこう。

［目次］

新しい現場力

最強の現場力にアップデートする
実践的方法論

第2章 「現場力とは何か」をあらためて考える

3　なぜ現場力がこれからも重要なのか……067

第3章　現場力はなぜ死んだのか

1　現場力が死んだ4つの根本原因……074

2

原因1　負荷と投資の継続的なアンバランス……076

第4章

「新しい現場力」へアップデートする

第Ⅱ部　経営全体をアップデートし、「串団子」モデルを構築する

第5章　「串団子」で現場力を再生させる

第I部

現場力をアップデートし、「新しい現場力」を実現する

第1章

日本企業の現場で、いったい何が起きているのか

1

好決算の裏側で起きていること

日本企業の好決算が続いているが……

大企業を中心とした日本企業の好決算が続いている。

上場企業の２０２４年３月期の純利益は43・５兆円にのぼり、３期連続で過去最高を更新した。前年５月の期初予想から３・５兆円も上振れした[1]。

その内訳を見ると、製造業が16％増の21・４兆円、非製造業が11％増の22・１兆円で、ともに最高を更新している。

その背景として、**値上げの浸透、コロナ禍明けの経済再開に伴う人流の回復、インバウンド（訪日外国人）需要の回復、円安の進行**などが挙げられる。

自動車業界では、半導体不足が解消し、円安も加わり、純利益の増加額は２・９兆円にのぼる。大手７社ではトヨタやスズキ、マツダが最高益を上げた。

コロナ禍で大きな打撃を受けたＪＲ東日本などの鉄道・バス業界は３割増益、ＡＮＡホールディングスなど空運業界は７割もの増益だ。

高額品の販売が好調な三越伊勢丹ホールディングスは、上方修正を3回行った。

表面的な数字だけを見れば、日本企業は成長力、収益力を取り戻しているかのように見える。

はたして、本当にそうなのだろうか。

その実は、**円安、人流回復、そして一過性の値上げという外的要因に支えられた「砂上の楼閣」**のように映る。

現場が「熱いもの」を持って働いていない

私は過去30年以上にわたり、日本企業の現場を訪ね歩いてきた。その数は３００を超える。

製造業だけでなく、小売業、サービス業、物流業、ＩＴ業界などさまざまな業種の現場に赴き、自らの眼で見て、自らの耳で聴き、自らの肌で感じてきた。

現場といっても、モノづくりの現場だけではない。

研究開発の現場、営業の現場、販売の現場、マーケティングの現場、保守サービスの現場、コールセンターなど多様な現場を訪ね、現場で奮闘する人たちと接し、生の声を直接聴いてきた。

いまでも、経営顧問先の現場やコンサルティングを行う企業の現場を訪ね、現場の人たちとワークショップを行うなど、直接的な触れ合いを大事にしている。

ここ2～3年、私は大きな「変調」を感じていた。

その典型的な例が、本書の冒頭で紹介した班長たちとのやりとりである。

こうした現場の声、本音はけっしてこの会社だけではない。多くの企業の現場で次のような言葉をよく聞くようになった。

「何を言っても無駄。会社には何も期待していない」
「余計なことはせず、言われたことだけおとなしくしていればいい」
「上が何を考えているのかわからないし、興味もない」

わかりやすく言えば、**現場からエネルギーをまったく感じない**のだ。活力や熱気が完全に失われ、無気力、無関心が蔓延している。

――現場の人たちが「熱いもの」を持って働いていない……

そうした現場と接するたびに、私は日本企業が現場から瓦解していくのを感じていた。

「退職ドミノ」がこのまま進行すれば、会社は瓦解する

ある会社の経営者からこんな話を聞いた。労働集約的なサービスを提供しているその会社のある現場で、パート社員がひとり退職した。

その穴を埋めるために採用活動を行ったが、時給を上げても人はすぐには採用できなかった。

やむを得ず、本部で現場管理をしているスタッフが欠員対応のため現場に入った。当初は短期応援のつもりだったが、欠員がなかなか埋まらず、ずるずると長引いていった。

その本部スタッフは本来であれば複数の現場を定期的に訪問し、現場の責任者たちから現場の状況や悩みごとなどを聞き、一緒に問題解決を推進する役割を担っていた。

しかし、そうした本来の活動ができなくなり、現場の責任者たちは相談相手がいなくなり、孤立感を深めていった。

半年後、別の現場の責任者が退職を申し出てきた。引き留めたが、「次の仕事が決まっているので」と慰留することはできなかった。

そして、その3カ月後、欠員対応で現場に入っていた本部スタッフもメンタル不調に陥

り、退職することになった。
まさに**「退職ドミノ」**が現場で進行している。

リクルートワークス研究所の調査によると、労働の需給ギャップはこれから大きく拡大する[2]。

２０３０年には約３５０万人もの人手不足が発生し、２０４０年にはその数は１１００万人になると予測されている。

日本は「人手不足」から「人手枯渇」の時代へと突入する。

それはたんに個々の現場の問題ではなく、経営そのものが回らなくなり、足元から瓦解することを意味している。

苦悩は「諦め」に、不満は「不信」に変わった

現場力とは現場で働く人たちが主体的にさまざまな問題解決に取り組むことである。そのためには、高い当事者意識、そして積極果敢に挑戦するための熱気、意欲が不可欠だ。

にもかかわらず、**現場が「熱」を帯びていない**。これこそ、**日本企業にとっては最大のリスク**である。

こうした状況は、いっきに生まれたわけではない。

「失われた30年」の間に、経営の誤った舵取り、無為無策がじわじわと現場を痛めつけ、どうにもならない状況にまで追い込んでしまった。

数年ほど前までは、現場が苦悩し、もがき苦しむ姿を見かけた。経営陣や管理職に対する不満の声も耳にした。

いまから思えば、それはまだまだ健全な姿だった。

いまでは、苦悩は「諦め」へと変容し、不満は「不信」へと変質した。

――現場力は死んだ……。

そう認めざるを得ないほど、日本企業の現場は変わってしまった。

2

「デフレスパイラルの罠」に陥った日本

世界で凋落する日本の地位――富を生めない「貧しい国」へと転落

なぜ日本企業の現場は、これほどまでに惨憺たる状態に陥ってしまったのか。

私が『現場力を鍛える』を出版したのは、20年前の２００４年である。「十年一昔」とよく言われるが、それになぞらえれば「ふた昔」も前のことである。

その間に、世界は大きく変わり、日本経済、日本企業の立ち位置も大きく変わっている。この20年間の変化を、現場という「虫の眼」だけでなく、日本経済や日本企業の立ち位置の変化という「鳥の眼」でマクロ的に俯瞰しておくことも必要だろう。

近年の日本および日本企業の世界での立ち位置を数字で確認すると、**この20年でその地位が大きく下落している**ことにあらためて愕然とする。

たとえば、国民一人当たりＧＤＰはＯＥＣＤ加盟38カ国中、２０００年に13位だった順位は、２０２３年には31位にまで凋落している。[3]

日本が「豊かな国」だったのは、もはや過去の話である。

富を生めない「貧しい国」へと転げ落ちている。

長年指摘されてきた日本の低労働生産性の問題は、改善どころか悪化している。

時間当たり労働生産性はＯＥＣＤ加盟国中、２００４年の20位から２０２１年には27位に、一人当たり労働生産性は同じく20位から29位へと順位を下げている。[4]

とりわけ、製造業の凋落は顕著である。

製造業の労働生産性は２０００年には世界1位だったのが、２００５年には9位に、そして２０２１年には18位にまで順位を下げている。

かつての「モノづくり大国」の面影はもはやない。

非正規社員は労働者の4割、この20年で1・3倍に

日本企業はこれまで非正規社員を増やすことで人件費を抑制し、経営のフレキシビリティを確保してきた。人件費を変動費化することで固定費を圧縮し、環境変化に対応しようとしてきた。

その流れは、この20年を見ても変わっていない。

日本における非正規社員数は、２００５年の１６３４万人から２０２２年には２１０１万人と約１・３倍に増えている。**日本の労働者の約４割は非正規雇用者**である。[5]

多くの企業が非正規社員から正社員へと転換する制度は整えているが、実際に正社員になりたい人のうち、転換できたのは７%程度にすぎない。

非正規社員の賃金も、ほかの先進国と比べると低い水準である。

正社員と比べた非正規社員の賃金水準は、英国やフランスなど欧州主要国は80%前後だが、日本は65%にとどまっている。[6]

現場責任者の負担は間違いなく増えている

もちろん、必ずしも非正規雇用自体が悪いわけではない。

経営側にとってのメリットだけでなく、働く側にとっても「自分の都合のいい時間に働きたい」「仕事を固定したくない」などのニーズがあり、それに応える働き方の選択肢のひとつである。

しかし、現場の目線から見ると、それほど単純な話ではない。

正社員、契約社員、派遣社員、請負など多様な「身分」の人たちが同じ現場で仕事をする状況の中で、ひとつのチームにまとめたり、方針やルールを徹底させたりするのは容易なことではない。

さらに、外国人労働者も増加している。

日本で働く外国人の数は、２０２３年10月時点で約２０５万人に達した。前年から22万人以上増え、**はじめて２００万人を超えた**[7]。労働者を送り出す側の国と日本の賃金格差は依然として大きいため、これからも外国人労働者は増加すると予測されている。

人手不足が深刻な業種では、現場を支える貴重な戦力として期待されているが、その反面、現場での教育や指導、労務管理はそう簡単な話ではない。

欠勤者の穴埋め、採用に関わる負荷、安全対策、トラブル対応、メンタルに問題を抱える社員のケア、そして外国人労働者のケアなど、現場責任者の負担は間違いなく大きく高まっている。

そして、現場責任者自身があまりにも大きくなった負荷を背負いきれなくなって辞めてしまう。

最悪のシナリオがすでに始まっている。

国内の設備投資を抑制してきた
——国内のモノづくりが地盤沈下するのは当然のこと

なぜこうした事態に陥ってしまったのか。

それは、端的に言えば、**日本企業が「現場を大事にしてこなかった」**からである。

かつて日本のモノづくり企業は、「メイド・イン・ジャパン」で世界市場を席巻した。世界のモノの輸出総額に占める日本のシェアは、ピークだった１９８６年には10・３％あったが、２０２２年のシェアは３・０％にまで低下した[8]。

輸出額自体が減っているわけではない。２０２２年度のＧＤＰベースの実質輸出は１０８兆円と、１９９４年度の２・８倍になっている。

日本の相対的な地位が低下しているのは、ライバル国が日本以上に伸ばしているからである。

２０２２年の中国のシェアは17・３％と、かつての日本を大きく上回る。韓国も２・８％と日本を追い上げている。

輸出シェアの低下は、日本企業が海外投資を進めてきた結果でもある。企業はコスト競争力の強化を狙い、中国などの発展途上国に生産移転を進めた。

その一方で、**国内での設備投資は抑制されてきた**。

日本の国内における設備投資はこの30年間で2割程度しか伸びていない。その間、米国やカナダは2倍以上に設備投資を増やし、欧州主要国でも4～8割伸ばしている[9]。

これでは、**国内のモノづくりが地盤沈下するのは当然**のことである。

日本の人材育成投資は、先進国で最低レベル
——体系的な人材育成を行わず、人づくりを放置したまま

設備投資以上に問題なのは、**きわめて低水準の人材育成投資**だ。

ＧＤＰに占める企業の能力開発費の割合を欧米５カ国と比べると、日本が突出して低いことがわかる[10]。

米国、フランス、ドイツ、イタリア、英国がＧＤＰの１％以上を投下しているのに対し、日本はわずか０・１％と、10倍以上の開きがある。

なかでも、米国はＧＤＰの２％を能力開発に投資している。

この数字にはＯＪＴは含まれていない。

日本企業の多くは、ＯＪＴ主体の人材育成を行ってきたが、**ＯＪＴには数多くの問題点がある**ことはかねてから指摘されている。

上司によって指導能力や熱意に大きな差があること、上司が多忙だと指導が後回しになってしまうなどの欠点は深刻である。

にもかかわらず、**多くの日本企業は体系的な人材育成を行わず、人づくりを放置したままである。**

伊藤忠商事・岡藤正広会長ＣＥＯは『日本経済新聞』のインタビューで、こう語っている。[11]

「２０２２年までの10年間で、日本企業の人件費は16兆円増えた。一方で企業の収入は74兆円増え、株主配当は19兆円増えている。人材教育に投資をする余力は大きい」

いまごろになってどの大企業も**「人的資本経営」**を打ち出しているが、長年人への投資を怠ってきたことのツケはきわめて大きい。

もはや先進国とは呼べない賃金水準
――「低賃金・低生産性」という縮小均衡

日本が「貧しい国」であることは、**賃金水準の国際比較**を見れば、一目瞭然だ。

ＯＥＣＤ主要加盟国における２０２１年の労働時間当たり人件費を見ると、日本は30・37ドルと主要先進国中最低で、韓国（30・68ドル）をやや下回り、チェコ（28・83ドル）を若干上回る程度の水準である。[12]

フランス（52・53ドル）、ドイツ（51・49ドル）、米国（48・88ドル）などとは比較にならないほどの差をつけられている。

米国の人事コンサル大手であるマーサーの調査によると、２０２３年の専門職の平均年収は、米国が16万２７１７ドル、シンガポールは12万６４５６ドルである。それに対し、日本は７万５３１７ドルにとどまる。[13]

米国とは2倍以上の差をつけられている。これでは優秀な人材の流出が止まるはずもない。

主要先進国の労働分配率を見ても、日本は米国に次いで低い状況だ。

しかし、米国と日本ではその背景は大きく異なる。

米国は労働時間当たり名目ＧＤＰが他国に比べ高いにもかかわらず、労働時間当たり人件費は他国並みにとどまっているため、低い水準になっている。[14]

それに対し、日本は生産性は低いけれども、それ以上に人件費が低いために労働分配率が低いという状態にある。

つまり、**「低賃金・低生産性」という縮小均衡が続いている**のである。

労働時間は短くなっているが……

労働時間については、日本も改善を進めてきた。

ＯＥＣＤの調査によると、２０２１年の日本の全就業者平均の一人当たり年間実労働時間は１６０７時間だった。主要46カ国中19位である[15]。２００４年の労働時間は１８４０時間だったので、この20年あまりで年間２００時間以上短縮してきた。

しかし、**ドイツや北欧と比べれば、まだまだ労働時間は長い。**ドイツは１３４１時間であり、日本より２５０時間以上も短い。

それだけ労働時間が短く、人口が日本の約３分の２のドイツに、名目ＧＤＰで抜かれ、４位に転落することが確実だ。

有給休暇取得率も海外に比べ大きく見劣りする。米国エクスペディアによると、日本の取得率は60％で、主要７カ国（Ｇ７）では２番目に低い[16]。

ドイツは90％、英国は80％を超え、企業が率先して休暇制度を整えている。

日本企業も近年、働き方改革に取り組んではいるが、**世界水準のワークライフバランス実現への道のりはまだ遠い。**

価格転嫁が進まない日本

賃金を上げたり、社員の休暇取得を進めたりしようとすれば、当然、企業収益を圧迫する。コスト増に対抗するためには、価格転嫁を進めなければならない。

しかし、**この20年、日本企業は価格転嫁には及び腰**だった。**コストに対する販売価格の比率を示す「マークアップ率」**を見ると、この20年まったく上がっていない。

コストの上昇分が消費者物価にどれだけ反映されたかを示す転嫁率を見ると、日本の製造業は72%、サービス業は29%だった[17]。

それに対し、米国は製造業78%、サービス業は１００%と、コスト増が価格転嫁で吸収されている。

日本は企業の大小を問わず、**コスト上昇を価格に転換しようとする動きがきわめて鈍い**。デフレ期が長く続き、コストを価格に転嫁するのではなく、コストそのものを削減し、しのごうとする考え方が染みついていた。

味の素の藤江太郎社長は『日本経済新聞』のインタビューでこう答えている[18]。

「日本はあらゆる価格が安すぎる。訪日客には喜ばれるが、高い給料が払えなくなり優秀な人材が海外に流出している。値上げしたら謝るのは世界で日本企業ぐらいだ」

こうした意識や慣行が長い間続き、企業の体力を奪い、縮小均衡から抜け出せないトラップにはまっていた。

国際通貨基金（ＩＭＦ）によると、マークアップ率の高さで上位10％に入る企業は下位90％と比べると、利益率は58％高く、生産性も35％高い。「値上げ力」こそが日本企業再生の切り札であることは明白である。

長期にわたる「4なし経営」が現場力を消滅させた一因

こうした統計的な数字をあらためて確認すると、この20年間、日本企業が行ってきた経営の全容が見えてくる。

それは**「4なし経営」**である（図表1－1）。

――積極的な設備投資、人材育成投資を抑制してきた**「投資なし」**

――非正規社員に頼り、正社員増を抑制してきた**「人員増なし」**

――上がった利益は内部留保や配当に回し、給与を上げてこなかった**「賃上げなし」**

――価値に見合う価格改定を行ってこなかった**「値上げなし」**

こうした**縮み志向の歪んだ経営**が、20年にわたり継続されてきた。

図表1-1　「4なし経営」が長期間続いた

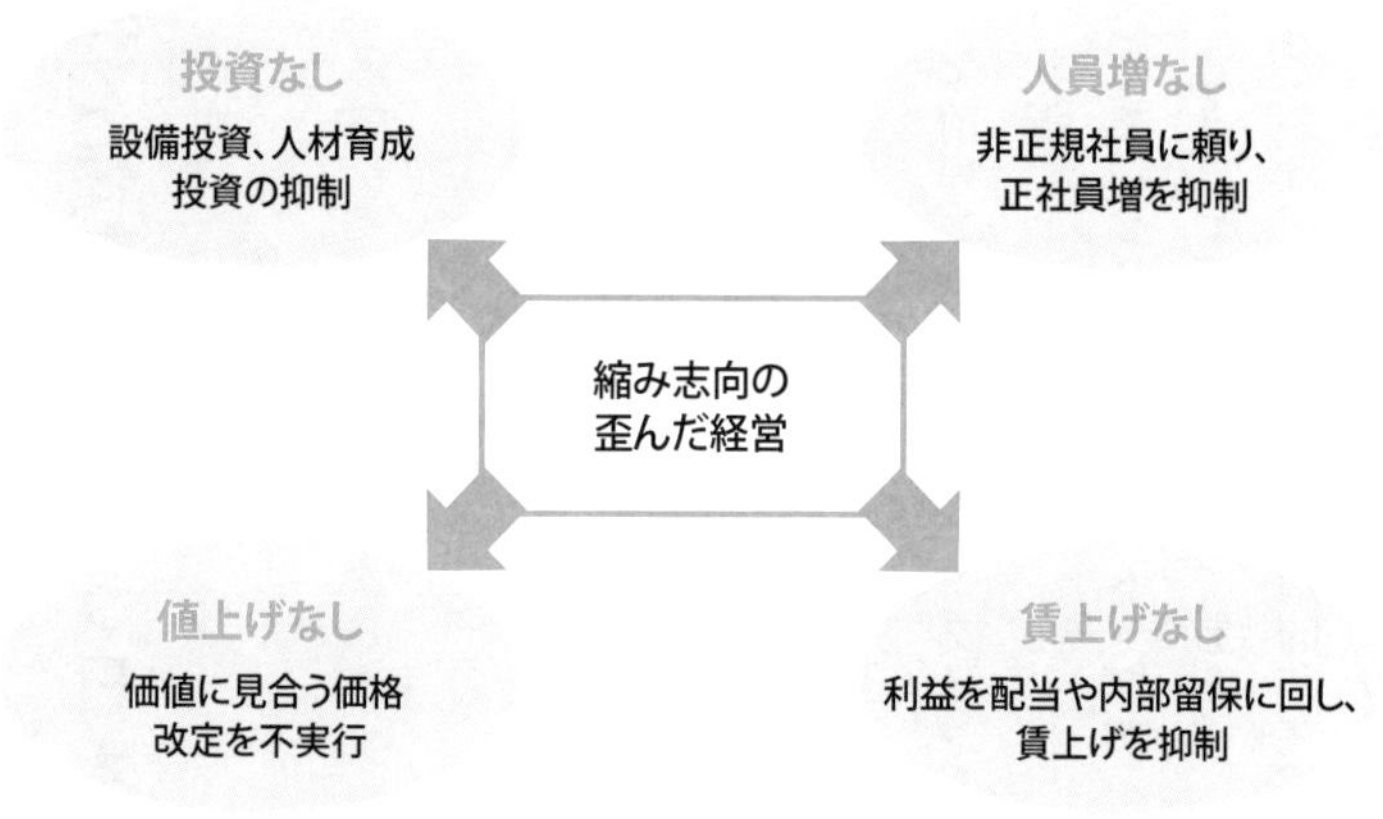

それらはすべて現場への過度な圧力として、現場を痛めつけ、消耗させ、現場力を減衰させていった。

そこには現場力への過信もあったかもしれない。

「うちの現場だったら、なんとかするだろう」という経営陣の甘えもあった。

しかし、そのツケの代償は**「現場力の消滅」**というきわめて深刻な形で表出している。

3

世界で存在感を失う日本企業

世界の企業トップ50から日本企業は消えた

長期間にわたり「４なし経営」を強いる国の企業が凋落するのは自明である。

世界の時価総額ランキングトップ20を見ると、35年前の１９８９年にはなんと14もの日本企業がランクインしていた。バブル経済の絶頂期であり、「Made in Japan」がもてはやされた時期だった。

そこを頂点に、日本企業の存在感は下降の一途を辿る。

20年前の２００４年にランクインした日本企業は、すでにトヨタ自動車（15位）のみという状況だった。

そして、２０２３年にはトップ20から日本企業の名前は消えた。日本経済を牽引してきたトヨタ自動車でさえ52位である。

驚くのは、米国企業の圧倒的存在感である。

１９８９年にはわずか５社だったが、２００４年には13社が、そして２０２３年には16

社がランクインしている。

２０２３年の上位にはアップル（１位）、アルファベット（４位）、アマゾン・ドット・コム（５位）、テスラ（７位）、エヌビディア（８位）と躍進目覚ましいフレッシュな企業が名を連ねるが、じつは本当の驚きはそこではない。

ランクインした16社のうち、なんと6社は２００４年にもランクインしているのだ。

その名を挙げると、マイクロソフト（３位）、エクソンモービル（10位）、ＪＰモルガン・チェース（15位）、ジョンソン・エンド・ジョンソン（17位）、ウォルマート（18位）、プロクター・アンド・ギャンブル（20位）といった老舗のエクセレントカンパニーだ。

企業の入れ替わりが激しい中で、**こうした老舗企業群はしたたかに、そして、たくましくビジネスモデルを変えながら、エクセレントでありつづけている。**

「マイナーチェンジ」でお茶を濁してきた日本企業
――「フルモデルチェンジ」に挑戦せず、「延命」ばかりに必死

なぜ日本企業はこの20年、ずるずると後退を続けたのか。

その最大の理由は、**経営陣が新しいことに本気でチャレンジしたり、覚悟を持って生まれ変わったりしようとせず、「延命」することだけに汲々としてきたから**にほかならない。

――何を言っているんだ。うちの会社だって新規事業にチャレンジしたり、構造改革に取り組んだりしている。「延命」だけだなんて、失礼なことを言うな。

そんなお叱りの声が聞こえてきそうだが、私が知る限り、**本気で会社を「変身」させようとしてきた日本企業はほんのわずか**にすぎない。

２００４年の時価総額ランキング３位だったマイクロソフトが２０２３年においても３位にランクインしているのは、偶然ではない。

彼らはＷｉｎｄｏｗｓ95というＯＳの会社からクラウドの会社へと「変身」することに成功したからこそ、20年経ってもエクセレントでありつづけている。

この20年、マイクロソフトはけっして順風満帆だったわけではない。時代のモバイル化、クラウド化に後れをとり、一時期は危機的な状況に陥った。

過去の成功体験に胡坐をかいていた組織を一変させたのは、２０１４年にＣＥＯに就任したサティア・ナデラ氏だった。

自社のＯＳにこだわり、ＯＳと一緒にソフトを売るという従来の戦略を大転換し、ライバル会社のＯＳでも自社製品を使えるように方針を大転換した。また、サブスクリプションをいち早く導入した。

マイクロソフトは大胆な「フルモデルチェンジ」に果敢に挑戦し、それによってエクセレントカンパニーでありつづけている。

日本企業においても高い評価を受けている企業は、ソニーグループ、日立製作所、リクルートなどの**「フルモデルチェンジ」に挑戦している企業**だ。

しかし、大半の日本企業は「マイナーチェンジ」程度の改革でお茶を濁し、過去の経営戦略やビジネスモデルを引きずったまま、「延命」させることばかりに必死だった。

「延命」のツケが現場に押し寄せた

言うまでもなく「延命」をいくら続けたところで「再生」は果たせない。

事業の大胆な入れ替えを行わず、設備投資や人材教育投資を先送りにし、人件費や経費は極力カットし、現場に我慢と忍耐だけを強いてきた。

しかし、その延命措置は限界に達した。

日本を代表する大手企業で続発する品質不正、検査不正、不祥事は、長年声を上げることができなかった**現場の断末魔の悲鳴**である。

表向きの業績が多少回復したからといって、手放しで喜ぶわけにはいかない。逆に、これで大胆な改革が先延ばしになることを私は心底危惧する。

表向きの数字がよくなると、根深い本当の問題は隠れてしまう。

なにより大事なことは、日本企業にとっての生命線である現場力は死んでしまったという強い危機感を持ちつづけることだ。

どん底の状況で喘いでいる現場に再び火をつけ、現場力を再興させることができるのか。

これこそが、**日本企業に突きつけられた最大の経営課題**である。

第2章

「現場力とは何か」をあらためて考える

1

現場力の本質

現場力とは「主体的な問題解決力」のこと

そもそも現場力とは何か。

本章ではその本質についてあらためて考察したい。

現場というところは問題だらけである。問題のない現場など存在しない。

どんなに素晴らしい業績を上げている企業でも、どんなに高い評価を受けている企業でも、**現場には必ず問題が存在する。**

問題の種類はさまざまである。そして、それは時々刻々と変化する。

たとえば、製造業でいえば、「コストが高い」「品質が安定しない」「納期が長い」などさまざまな問題が日常的に発生している。

ある問題を解決しても、また新たな問題が必ず生まれる。問題と無縁の現場などこの世には存在しない。

ポイントは、こうした日常的に発生し、変化するさまざまな問題と現場がどう向き合うかである。

現場力とは、それぞれの現場が有する問題解決力のことである。

卓越した現場は主体的かつ継続的に問題解決に取り組み、問題解決ができる人材を育て、成果を上げ、高い現場力を確立している。

一方、ダメな現場は問題解決力が乏しく、問題に振り回され、人材を育てることができず、成果を上げることができない。

つまり、現場力の有無は企業競争力に直結するのだ。

「主体性」こそが現場力の根幹

現場力においてなにより大事なのは、**「主体性」の発揮**である。

価値創造活動に直接的に従事する第一線の現場の従業員たちは、誰よりも早く、そして敏感に問題の予兆や異変に気づく。

その気づきをもとに、自ら主体的に問題を「見える化」し、仲間の協力を得ながら問題を解決することがなにより重要だ。

上からの指示や命令で動くのではなく、あくまでも現場の主体性で問題解決を推進する。

こうしたボトムアップの力こそが現場力にほかならない。

そのためには、現場で働く従業員が**「圧倒的な当事者意識」**を持たなければならない。**「問題に気づくのは自分である」「問題を解決するのも自分である」**という高いオーナーシップを持つ従業員を育て上げることが現場力の根幹である。

「何も起きない」「何も起こさない」現場こそ、レベルが高い

ひとたび問題が顕在化すれば、現場は対処せざるを得ない。問題が起きてから対処するのは当たり前のことである。

卓越した現場力を有する現場は、**問題が顕在化する前に問題の「芽」を摘む**ことができる。現場の高い「感度」によって問題の「芽」を知覚し、未然に防止したり、小さな問題発生で食い止めたりすることが可能となる。

だから、「非凡な現場」はあたかも何事も起きていないかのようにスムーズにオペレーションが行われている。

たとえば、通常の製造現場では**「チョコ停」**と呼ばれる現象がよく見られる。「チョコ停」とは生産設備がさまざまな理由で突然チョコッと停止してしまうことである。それに

よって生産性が損なわれたり、品質問題が発生したりするリスクが高まる。

しかし、**「非凡な現場」では「チョコ停」が発生しない**。

いや、「発生しない」のではなく、現場の知恵と創意工夫で「発生させない」ようにしているのである。

あたかも何事も起きていないかのようなスムーズで安定した現場は、きわめてレベルの高い現場力の証左なのだ。

2

現場力を形成する「3つの能力」

現場力は「重層構造」になっている

現場力という組織能力は、ひとつの能力だけでできている単純なものではない。

そこには**「3つの異なる能力」**が存在し、「重層構造」になっている。

それらは以下のとおりである[1]（図表2−1）。

図表2-1　現場力を形成する3つの組織能力

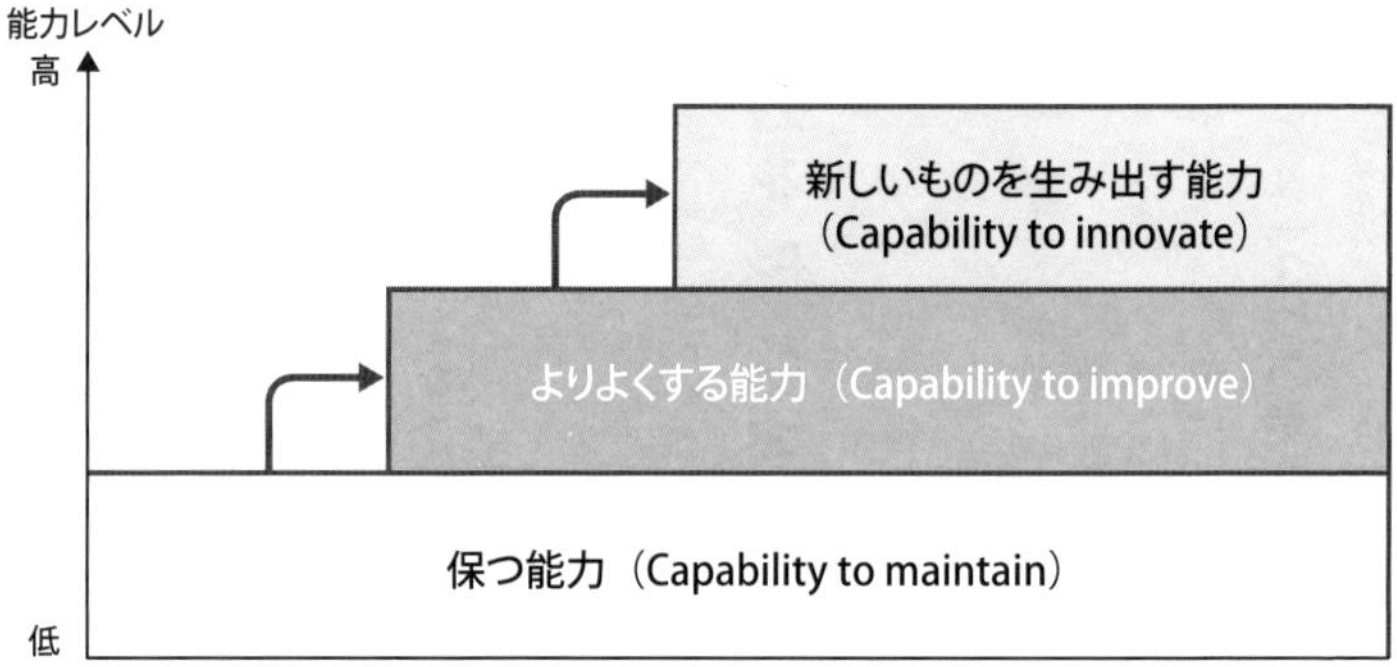

①保つ能力（Capability to maintain）

確実に業務を遂行する組織能力のこと。決められたこと、与えられたことを着実に遂行する。

②よりよくする能力（Capability to improve）

現場で日々発生する問題にいち早く気づき、改善を実施し、よりよくすることができる組織能力のこと。その積み重ねによって現場は進化していく。

③新しいものを生み出す能力（Capability to innovate）

日々の業務を遂行しながら、まったく新しい価値を生み出す組織能力のこと。現場起点で革新的な仕事のやり方、新製品・新サービスなどを生み出す。

「①保つ能力」はどの企業にとっても不可欠な基盤能力である。**「②よりよくする能力」**と**「③新しいものを生み出す能力」**は、より差別化につながる高次の組織能力である。

これら３つの組織能力のどれがその現場の「コア能力」になっているかによって、現場力のレベルは大きく異なってくる。

「①保つ能力」は基盤能力として大事だが、現状維持しかできない現場は進化をさせることができない「平凡な現場」である。

「②よりよくする能力」さらには「③新しいものを生み出す能力」へと昇華している現場は、価値を増大させたり、新たな価値を生み出したりすることができる「非凡な現場」である。

「平凡以下の現場」が増殖している

日本を代表する大企業で頻発するさまざまな不正や不祥事は、保つことすらできない現場が増えているというきわめて深刻な事態をあらわしている。

決められたことが守れない。問題を解決するどころか問題から逃げてしまう。ルールや約束事を逸脱し、不正に手を染めてしまう。

平凡なことすらできない**「平凡以下の現場」**に成り下がってしまっている現場が増えている。

もちろんこの現象は、現場だけの責任にすることはできない。

第4章で詳述するが、現場で発生する問題の難易度はきわめて高くなっている。これまでの延長線上にはない「新たな問題」と現場は日々格闘してきたが、現場だけでは対処できない問題も間違いなく増えている。

むしろ**経営の誤った判断、長年にわたる無為無策がこうした事態を招いてしまっている**のが真因である。

「平凡以下の現場」という現実を真正面から受け止め、マイナスから立て直し、再度より高次の現場力を目指していかなければならない。

その道のりは果てしないが、それなくして日本企業の再生はあり得ない。

「改善」こそが現場力を高める唯一絶対の方法

それでは、どうすれば現場力を高め、「非凡な現場」へと変身することができるのだろうか。

その具体的な方法論こそが**「改善」**である。

「改善」と聞くと、「なんだ、そんなことか」「うちの会社でも改善活動は何十年もやっている。でも、現場力が高まっているという実感はない」などの反応が必ず返ってくる。

だが、私は**「改善」こそが現場力を高めるための唯一絶対の方法**だと信じている。

改善とは現場における問題をいち早く発見し、現場の知恵で解決する取り組みのことである。つまり、**改善とは「問題解決」そのもの**である。

もちろん、ひとつずつの改善による成果を見れば、小さなものかもしれない。

しかし、重要なのは成果の大小ではない。改善のプロセスを通じて、問題解決をしようとする人材、問題解決ができる人材を育成することこそが、改善の真の目的である。

つまり、**「人づくり」こそが改善の目的であり、最大の成果**である。

「現場を支える人を育てる」ことこそが「改善」の真の目的

この目的を見失っている日本企業がきわめて多い。

本社や本部主導で強引に改善を進め、最初から大きな成果ばかりを期待し、「成果を出せ」と現場に圧力をかける。

図表2-2　改善活動―改善能力―改善文化

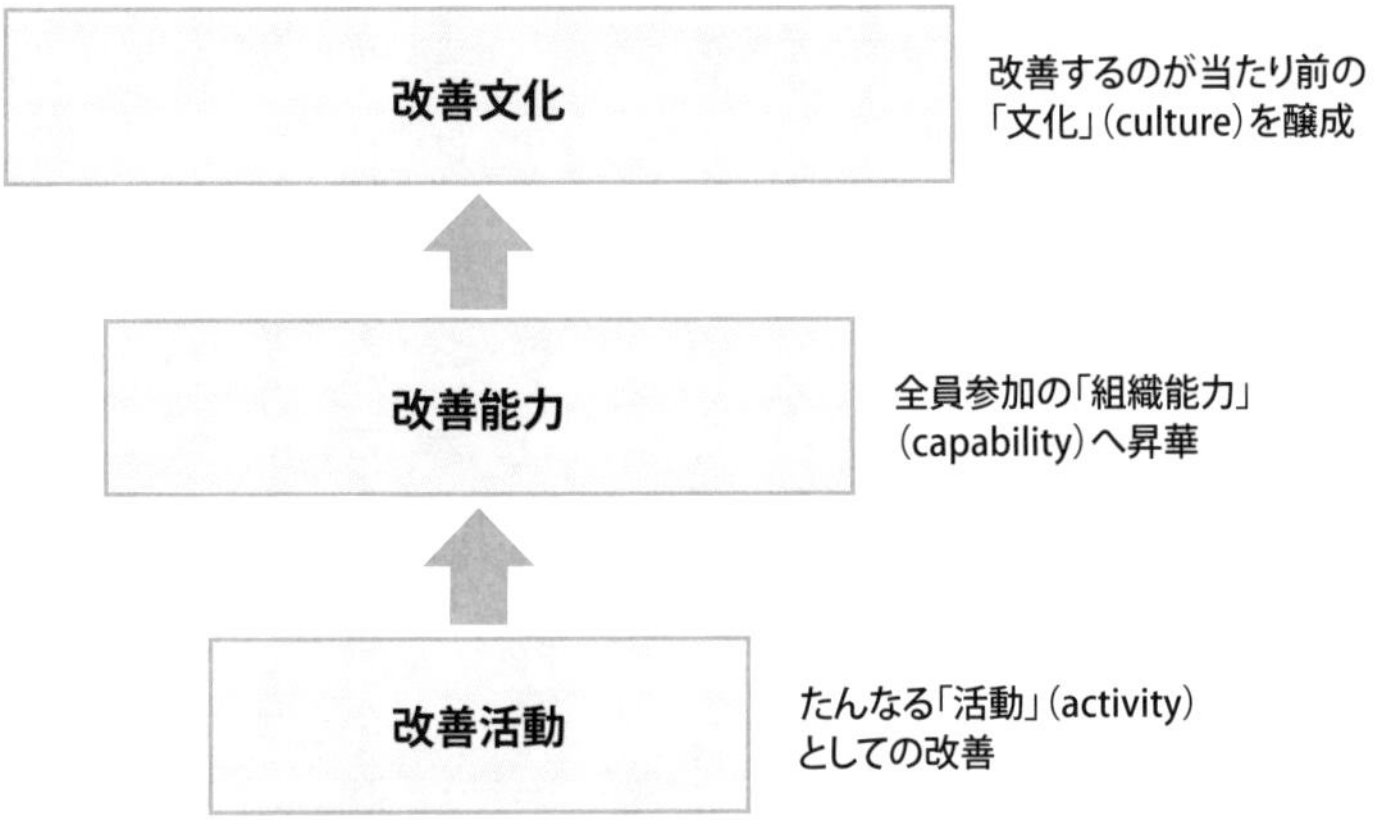

現場には「やらされ感」が蔓延し、活動は形骸化する。

そして、「期待したほどの成果が生まれない」と思うと安易にやめてしまう。こんな会社を私は山ほど見てきた。

改善がたんなる「改善活動」の域を出ず、「改善能力」というケイパビリティに昇華できず、「改善文化」を醸成することができていない（図表2-2）。

当初は「小さな改善」しかできなかった人材が、「小さな成功体験」で覚醒し、自信をつけ、主体的により大きな改善に挑み、成果を上げる。そして、やがて「改善の神様」と呼ばれるほどの人材へと昇り詰める。

日本企業が現場力を再興するには、腰

を据えて「人づくり」から始めるしかない。**「現場を支える人を育てる」ことこそが「改善」の真の目的**である。

もちろん、企業は5年に一度、10年に一度は思い切った「改革」を断行しなければならない。非連続的な環境変化に対応するには、「改革」をためらってはならない。

しかし、だからといって現場における地道な「改善」を否定してはならない。

「改革」と「改善」を両立させることこそが、真に強い企業をつくる道である。

「ナレッジワーカー」(知識労働者)を育てる

新たなテクノロジーの波は現場にも押し寄せている。

これまでも推進してきた機械化、ロボット化による省人化、無人化だけでなく、ビッグデータとＡＩ(人工知能)の活用による現場のインテリジェンス化は、これからさらに進んでいく。

無人店舗や無人化工場といった「人がいない現場」も間違いなく増えていくだろう。

テクノロジーの進展によって問われているのは、**「人間の役割は何か」**ということである。

ロボットやＡＩにまかせられるものは、どんどんまかせればいい。

付加価値の低い単純作業、反復作業に人間が関わる必要はない。「マニュアルワーカー」は間違いなく淘汰されていく。

本来、現場で人間がなすべき仕事は、テクノロジーを「武器」として賢く使いながら、新たな知恵を生み出し、創意工夫を考案、実現することである。

つまり、**「ナレッジワーカー」（知識労働者）を育てることこそが、人間を現場で活かす唯一の道**である。

「ナレッジワーカー」とはピーター・ドラッカーが生み出した言葉である。

１９６９年に刊行した著書『断絶の時代』の中で、彼は「ナレッジワーカーとは、知識経済を根本から支える高度な専門知識を持つ労働者」と定義した。[2]

「ナレッジワーカー」はオフィスワークを行う職種だけとは限らない。日々多様な問題が発生する現場にこそ、「ナレッジワーカー」が必要不可欠である。

これまでの個人の「カン・コツ」という経験則だけに頼る現場マネジメントはなくなっていく。

ロボットやＡＩによるインテリジェンス化が現場で進めば進むほど、「ナレッジワーカー」が生み出す付加価値は高まり、比較的経験の浅い若い人たちでも貢献することが可能となる。

テクノロジーと共存する新たな時代の「ナレッジワーカー」を育てることが、現場のやりがいを高める道である。

3

なぜ現場力がこれからも重要なのか

「実行の時代」で勝ち残るために、最も重要な経営戦略とは？

「現場力」などという言葉を使うと、いかにもアナログ的で泥臭く、時代にそぐわないもののように思うかもしれない。

ちまたではデジタルやＡＩなどといった先端テクノロジーの社会実装が進む中で、現場力は時代遅れの象徴のように感じる人もいるだろう。

しかし、じつは現場力はこれからの経営においてますます重要性を増していく。

その背景にあるのは、**「実行」重視の潮流**である。

経営においてビジョンや戦略が重要なのは言うまでもないが、それらは必要条件にすぎない。

経営における最大の課題は、戦略を実行し、ビジョンを実現する「ケイパビリティ」（組織能力）を構築できるかどうかである。

時代は**「ケイパビリティ競争」、つまり実行する組織能力をいかに高めるかを競う戦い**に変わっている。

そして、実行局面におけるケイパビリティの多くは、現場に存在する。

だから、私は「現場力」という言葉を使っている。現場力とはそれぞれの現場に内包されているケイパビリティにほかならない。

グーグルやアップル、マイクロソフトなどの米国企業が卓越した業績を上げている理由は、そのビジョンや技術力、リーダーシップなどといった側面だけではない。

こうした企業群は経営における「実行」の重要性を認識し、たぐいまれなケイパビリティを構築することに成功しているからである。

試行錯誤を繰り返しながらアジャイルに物事を進めていく力、グローバルに方針を徹底する力、部門間をまたぐ連携力・チームワーク、現場で働く従業員たちのモチベーションの高さなど、「実行」を重視し、いまの時代に合ったケイパビリティを高めることに心血を注いでいる。

日本企業は「実行」で負けている

それに対し、日本企業の多くは現場力をあまりにも軽視してきた。

いや、軽視というよりも「うちの会社の現場力は大丈夫だろう」と胡坐《あぐら》をかいてきたと言ったほうが正しいかもしれない。

たしかに、以前は「日本企業は経営者はたいしたことはないが、現場はしっかりしている」などと評価されていた。

日本企業を研究したピーター・ドラッカーは「日本企業の現場にはナレッジワーカーが存在する。世界を見渡しても、そんな国は日本だけである」と日本企業の卓越した現場力を高く評価した。

しかし、もはやそれは幻想にすぎない。

日本企業が世界で後れをとっているのは、実行するケイパビリティが劣っているからである。これまで培ってきた現場力を失っただけでなく、「新しい現場力」にアップデートできていない。

つまり、**日本企業は「実行」で負けている**のである。

日本企業はこれからも現場力を武器に戦うしかない

経営とは**「模倣困難性を競うゲーム」**である。**競争する他社が簡単には真似のできない「何か」を確立することが、経営の本質**である。

天然資源に恵まれず、人口減少、高齢化、過疎化などの課題先進国である日本に存在する企業は、熾烈なグローバル競争において、何を武器に戦っていけばよいのか。

圧倒的な資本力、ダイナミックなスケール（規模）の追求を武器に戦おうとするメガコンペティションの波に飲み込まれてしまっては、元も子もない。

日本企業が世界で存在感を示すためには、**「実行」にこだわり、競合他社の追随を許さない「深さ」の追求を目指すしかない。**

品質や性能、サービスなどの価値創造において、レベルの違う緻密性や精密性、繊細性を生み出すことが、日本企業が勝ち残る道である。

こうした戦略シナリオを実現するには、現場力は必要不可欠である。

粘り強く「深さ」を追求し、模倣困難なレベルでの高付加価値を生み出すためには、現場力を再生させ、鍛え直すしかないのだ。

「現場はバリューセンター」という原点に立ち返れ

私は日本企業の競争力は、現場をたんなる「コスト」として見てこなかったことから生まれていると確信している。

現場には人がいて設備や原材料があり、一見すると「コストのかたまり」である。

しかし、人は知恵やアイデアを生み出すことができる。創意工夫をすることができる。

それによってコストダウンがはかられ、品質が高まり、安全が確保され、サービスが改善される。

現場は「コストのかたまり」としての「コストセンター」ではなく、**「価値創出の起点」である「バリューセンター」**として位置付けることが日本独自の競争力を生み出してきた。[3]

現場が自らを「バリューセンター」として認識することによって、他国では見られない次のような特徴が生まれてきた。

①「結果を出すのは自分たちだ」という強い自負・誇り・当事者意識を現場が持っている

②現場が会社の戦略や方針を正しく理解・納得し、「実行」という自分たちの役割を

きちんと認識している
③結果を出すために、組織の壁を越えて結束・協力し、知恵を出し合う
④結果が出るまで努力を続け、けっして諦めない
⑤結果を出してもおごらず、新たな目標に向かってチャレンジしつづける

しかし、「失われた30年」の間に、多くの日本企業は現場を「コスト」と位置付け、目先のコストダウンに奔走した。

そのツケが、相次ぐ品質不正や不祥事につながってしまった。

現場を単純にコストとして見れば、品質やサービスをないがしろにし、身を削ることだけに専念する発想に陥ってしまう。

もちろん、１００のコストを99に、そして98へと下げる努力は必要だ。しかし、現場の使命はけっしてコストを下げることだけではない。

たとえコストが１００かかっても、それを上回る１１０の価値を生み出すことができれば、会社は競争に打ち勝つことができる。

それが**「バリューセンター」の発想**である。

日本企業は原点に立ち返る必要がある。

現場の可能性は無限であり、多様な価値を生み出すことができるエンジンなのである。

第3章

現場力は
なぜ死んだのか

1

現場力が死んだ4つの根本原因

「4つの『なし』」「3つの『過剰』」「2つの『放置』」とは？

日本企業の現場力はいきなり消えてなくなったわけではない。

この20年の間に、経営の無為無策により徐々にやせ細り、消滅させられたのである。

その背景にはさまざまな要因が複雑に絡み合っている。

しかし、それを解き明かすことができなければ、現場力の再興は困難である。

現場力が消滅した大きな原因として挙げられるのは次の4つである。

①負荷と投資の継続的なアンバランス
②管理強化のツケ
③低収益事業の放置
④前近代的な組織カルチャーの放置

図表3-1　現場力が死んだ4つの根本原因

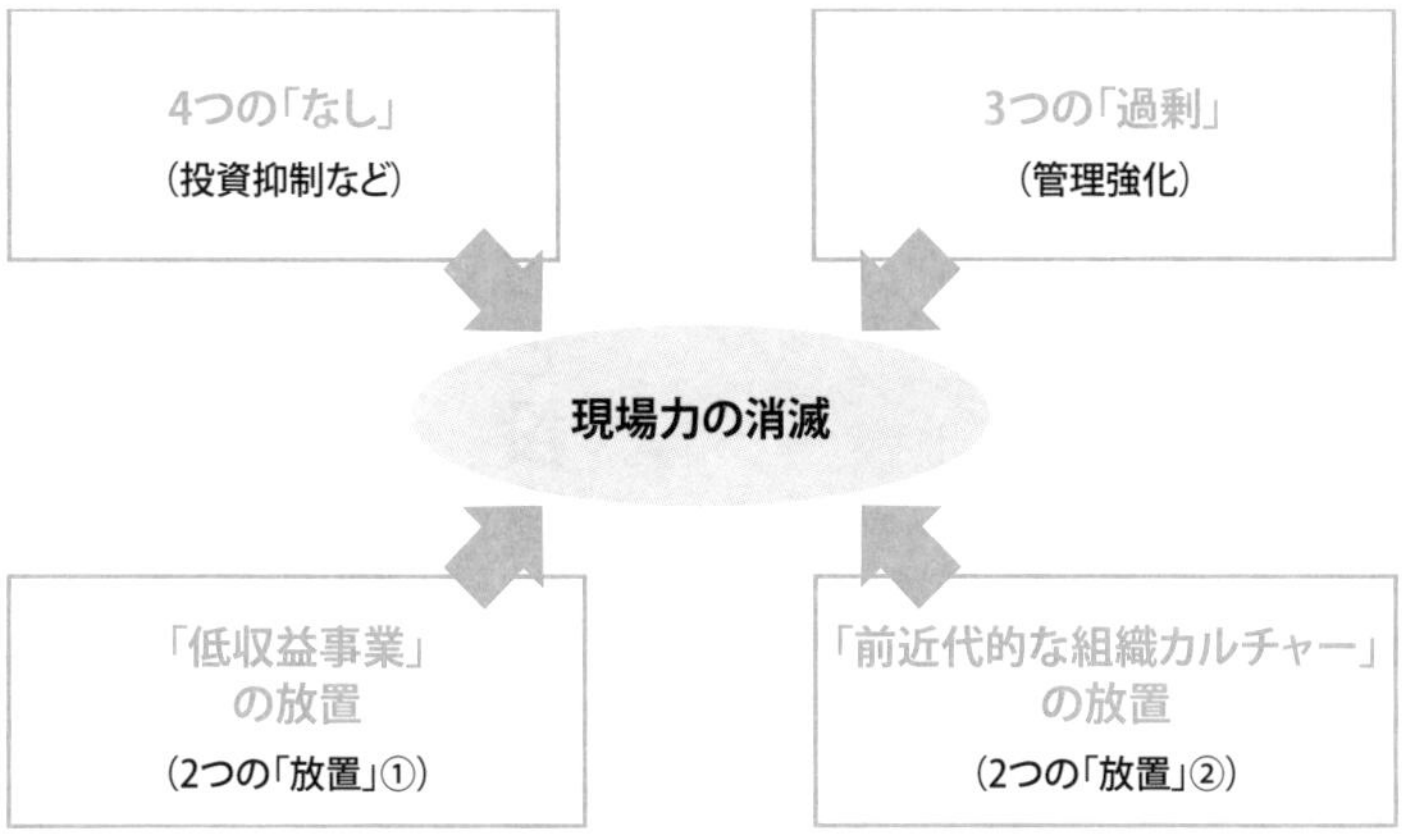

「①負荷と投資の継続的なアンバランス」は第1章で触れた**「4つの『なし』」**のツケとして表出した。投資を怠り、現場に過剰な負荷をかけつづけたことで、現場力はやせ細っていった。

「②管理強化のツケ」は、後述する**管理面における「3つの『過剰』」**を是正できなかったことを指している。

そして、「③『低収益事業』の放置」「④『前近代的な組織カルチャー』の放置」は、後ほど詳しく述べる**「2つの『放置』」**として現場力の劣化に大きな影響を与えている。

「4つの『なし』」

「3つの『過剰』」

「2つの『放置』」

これらが複雑に絡み合い、現場を痛めつけ、現場力は見るも無残に消滅してしまった（図表3－1）。

次節以降、ひとつずつ詳しく見ていこう。

2

原因① 負荷と投資の継続的なアンバランス

なぜ不正や不適切行為は起きるのか

一般的に、現場で組織的な不正や不適切行為が行われる理由は明白である。

それは、**現場にかかる業務負荷とそれぞれの現場が持つ組織能力に著しいギャップが生じたとき**である。

現場にかかる負荷とそれをこなす組織能力、つまり現場力に大きな乖離がなければ、不正は起きない。

というよりも、そもそも現場が不正をする理由が存在しない。

現場があえて不正や不適切なことに手を染めてしまうのは、**目の前にこなさなければならない業務が山積みなのに、それを処理する能力が著しく不足している**からである。

もちろん、だからといって不正や不適切なことは許されない。

業務が適切にこなせないのであれば、そうした声を上層部に上げ、善処してもらうのが筋である。

しかし、上から強烈なプレッシャーを受ければ、現場は声を上げられなくなる。現場の管理者は「できない」とは言えなくなってしまい、「なんとかします」と答えてしまう。負荷と能力に閾値《いきち》を超える差異が生じれば、当然、通常の対応ではこなせなくなってしまう。

そして、にっちもさっちもいかなくなった現場は、目の前の問題から逃げ、不正や不適切な行為に手を染めてしまうのである。

その背景には、第1章で語った「4なし経営」が大きな影響を与えている。「投資なし」「人員増なし」「賃上げなし」「値上げなし」が長年続き、現場の能力とやる気は消え失せていた。

にもかかわらず、現場への負荷は大きくなるいっぽうだった。

ダイハツの現場にのしかかった開発短縮の圧力

　ダイハツで起きた検査不正は、まさにその典型例である。

　同社で不正が急増したのは、２０１４年以降のことだ。その背景にあるのが、短期開発という手法だ。

　２０１１年に発売した自動車で成功し、短期開発がほかの車種でも踏襲された。やがて、**「むちゃくちゃな日程が標準となる」ような状態**になった。

　ダイハツは、トヨタグループにおける「アジア市場の開拓者」としての役割を担っていた。そのため、同時期にトヨタ向けのＯＥＭ（相手先ブランドによる生産）供給車が増えていた。

　ダイハツの現場では、短納期での開発・生産が至上命令となった。

　こうした無理が、車両開発の最終工程である認証試験に押し付けられた。

「過度なコスト削減」が現場を瓦解させる

　もちろん、短期開発自体が悪いわけではない。開発プロセスを短縮し、無駄なコストを省く企業努力は必要だ。

しかし、開発期間が圧縮されたからといって、そのプロセスでなすべき機能や業務が損なわれてしまったのでは、元も子もない。

ダイハツの事案では、２０１１年から品質保証などの部署の人員を減らしはじめ、衝突試験を担う安全性能担当部署の２０２２年の人員数は、２０１０年に比べ３分の１に減っている(1)。

「開発期間を短縮しろ」「もっとたくさん生産しろ」と号令をかける一方で、「コストを減らせ」「人を減らせ」と追い立てまくる。

悲鳴すら上げられない現場は、不正に手を染めざるを得ないところまで追い込まれていたのだ。

「制約」は現場力にとって必要だが……

「制約」そのものは現場力にとって有益であり、糧である。

「お金がない」「人が足りない」「時間がない」などの制約があるから、知恵が生まれるし、創意工夫する。

「制約がなければ、現場力は磨かれない」と断言してもいい。

しかし、それも程度問題だ。

現場の知恵や創意工夫で乗り越えられないような「過剰な制約」を現場に継続的に課すことは、現場にダメージを与えるだけである。

ましてや、認証試験の現場は生産工程の最終プロセスであり、逃げ場がない。

現場への過剰な負荷とコストダウンという投資圧縮のバランスが著しく崩れたら何が起きるのか。**「経営陣の想像力が欠如していた」**と言わざるを得ない。

こうした状況はダイハツに限ったことではない。

現場のコストをギリギリまで削り、本来なら投資すべきことまで抑制し、その一方で現場には過度な負荷、不適切な「圧」をかけつづける。

そのアンバランスが現場力を消滅させた最大の原因だ。

日本企業に巣食う根深い「2つの真因」

なぜ、こうしたことが起きてしまうのか。

そこには、日本企業に巣食う根深い「2つの真因」がある。

①短期的収益への過度なこだわり

ひとつめの真因は、この20年、**多くの日本企業の経営者があまりにも短期的な収益確保に血まなこになっていた**からである。

日本経済は「失われた30年」と呼ばれる長期的な低迷に喘いできた。その中で、経営者たちは株主からの期待に応えるために、新たな成長を模索し、「稼ぐ力」を高めることに集中してきた。

しかし、イノベーションを起こし、新たな成長事業の創出に成功した日本企業はごく一部にすぎない。

未知なるものへの投資を抑制し、自分の経験則が生きる範囲の中に限定してきた。ちょっとやってみてうまくいかないと、そこでストップさせ、リスクをとってこなかった。

結果的に、多くの日本企業はこれまでの**既存事業にすがり、なんとか利益を確保することに必死**だった。

②歪んだ「隷属する企業カルチャー」

2つめの真因は、より深刻だ。

それは、**日本の産業構造における「Master-Slave」（主人と奴隷）の関係性**だ。

日本の産業の多くは、最終製品を手掛ける巨大メーカーを頂点とする重層的なピラミッド型構造で成り立っている。

これは製造業だけに限らない。巨大流通企業や電力会社などの社会インフラビジネスにおいても同様だ。

ピラミッド構造そのものが問題なのではない。それぞれのレイヤー（階層）に属する企業がそれぞれの役割を果たし、全体で大きな価値を生み出すのが日本の産業の強みでもある。

問題は、**ピラミッド構造から生まれる強烈な「主従関係」**と**そこから生まれる不適切な「圧」**である。

ある部品メーカーの現場でワークショップを行った際、「この工場の『らしさ』は何ですか」という私の問いかけに、ある管理職が「それは『隷属する文化』です」と真顔で答え、私は唖然とした。

隷属なんて「らしさ」であるはずがない。

にもかかわらず、従順に従うことが自分たちのカルチャーだと信じて疑うことがない。

絶対的な力を持つ発注者の言うことは「絶対」であり、それに逆らうことはできない。

そうした「Master-Slave」の関係性が、こうした歪んだ企業カルチャーを生み出してしまった。

ダイハツの現場からすれば、どんなに不合理な要求を突きつけられても、「主人」であるトヨタの要請に対して「できない」とは言えないのである。

そして、それは社外との関係だけにとどまらない。

「本社vs.現場」、そして「上司vs.部下」といった**社内の関係性においても絶対的な「主従関係」が色濃く滲んでいる。**

外的そして内的な強大かつ不健全な「圧」が現場に増幅的にのしかかり、何も言えない空気感を生み出してしまっている。

身を削るコストダウン経営は、もはや限界

日本企業の多くは高性能、高品質の価値をリーズナブルな価格で提供することによって成長を遂げてきた。

そのために、生産現場では改善を繰り返し、極限まで無駄を省き、効率性を高めてきた。

そうした地道な努力の積層によって、これまでの現場力は生まれてきた。

しかし、**自分たちを犠牲にするような身を削るコストダウン経営は、もはや限界**を迎えている。

人手不足どころか人手枯渇の状況が到来し、人件費は高騰している。若手従業員を中心

に労働の流動性は高まり、未来を担う現場従業員の確保もままならない。

エネルギーコストや原材料費の高止まりが続き、人件費以外のコストも上昇の一途である。


現場の知恵と努力だけで成り立っていたビジネスモデルそのものが、終焉を迎えていると考えるべきなのである。

3

原因❷ 管理強化のツケ

規則やルールにがんじがらめになっている現場

さまざまな現場を訪ね、現場の責任者に話を聞くと必ず出てくるのが、**規則やルールに縛られ、身動きがとれないほど管理が厳しくなっている**という嘆きである。

内部統制やコンプライアンス、三六協定、ＩＳＯ、さまざまなレギュレーション対応など、管理すべき項目は膨れ上がり、現場管理者はそうしたルールや規則の現場への徹底と報告書作成などのペーパーワークに忙殺されている。

その結果、部下とのコミュニケーションの時間すら満足にとれず、現場で発生している問題への対処もままならない状況が続いている。

言うまでもなく、現場に管理は必要である。管理軽視は現場を崩壊させる。

しかし、**現場力を重視するのであれば、管理の基本は「自主管理」**でなくてはならない。現場自らが自分たちで自分たちをコントロールするという**「自主・自発・自律」こそが現場管理の基本**である。

現場の状況もよく把握していない本社・本部が策定した的外れな規則やルールを現場に押し付け、縛るのが内部統制ではない。

本社・本部がマイクロマネジメントをするのではなく、**「自主管理」できる現場をつくることこそが内部統制の本質**である。

「3つの『過剰』」が現場力を劣化させた

敬愛する一橋大学名誉教授である野中郁次郎先生は、かねてから日本企業が抱える病巣のひとつとして、次の**「3つの『過剰』」**を指摘している。[2]

①オーバー・アナリシス（過剰分析）
②オーバー・プランニング（過剰計画）
③オーバー・コンプライアンス（過剰規則）

つまり、**分析をやりすぎ、計画策定ばかりを何度も練り直し、さまざまなルールや規則で組織を縛る。**これらが日本企業から行動力、実行力を奪い、組織のダイナミズムの喪失を招いた。

その指摘は、現場力の消滅にもそのまま当てはまる。

現場に対して過剰な分析を求め、計画を何度も練り直させ、そして細かすぎる規則で現場を縛る。

何の価値も生み出さない業務に、現場は忙殺されている。

現状にそぐわない規則やルールは「変える」「なくす」

何か問題が起きると、再発防止のために新たな規則やルールがつくられる。そして、現場はそれを守ることを要求される。

いったん規則やルールをつくれば、それらは固定化し、守るべきものがどんどん積み上がっていく。規則やルールが自動的になくなることはない。

本社や本部は新たな規則やルールを「つくる」ことには熱心だが、それらを「変える」や「なくす」ことには関心がない。

現場の状況や時代にそぐわない規則やルールは、定期的に「断捨離」しなければならない。

規則やルールはミニマムにする。そして、「自主管理」できる現場を育てる。

それこそが、真の現場管理である。

「KPI管理」「数値管理」の落とし穴

さまざまな企業の取締役会、経営会議などに参加して私が感じるのは、**「数値管理」や「KPI（Key Performance Indicator：重要業績評価指標）管理」への過度な依存**である。

経営管理において「数字」が重要であることは言うまでもない。

しかし、**数字だけを見て、短絡的に「よい・悪い」を判断するのが、経営者、管理者の仕事ではない。**

「数字」は多様な「事実」（Fact）の一部にすぎない。

大事なのは「事実に基づく議論」であり、**「数字」＝「事実」ではない。**

数値やＫＰＩだけに依存する管理は、「似非《エセ》管理」であり、管理している「つもり」なのである。

試験不正が発覚したダイハツで調査に当たった第三者委員会は、「『現地現物』がなかったのが大きな原因」と指摘した。

トヨタでは、現地を訪れて実際にものを確認してから物事を判断するという「現地現物」という言葉が、創業時から大切にされてきた。

しかし、その思想はダイハツでは十分に浸透していなかった。

第三者委員会の報告書には、次のようなことが記載されている。

「管理職が多忙で、現場の業務や実情を理解する余裕がなかった」

「相談にいっても『どうするんだ』『間に合うのか』と詰問されるだけで、親身になってくれない」

現場管理の基本は「目で見る管理」である。

そして、その重要性は現場だけではない。

経営者や本社のスタッフこそ数字やＫＰＩだけに頼らず、**「自らの目」で見る管理**を心掛けなければならない。

4

原因③

低収益事業の放置

「緩慢な衰退」が組織を蝕む

品質不正を起こした企業で見られる特徴のひとつは、**赤字事業もしくは低収益事業で不正が起きている**ということである。

競争力が弱く、低収益・低採算に苦しむ事業を営む現場が、不正に手を染めやすいという構図は明らかである。

高収益事業、成長事業で不正が起きるケースは稀である。

投資体力があるので、新たな設備を増強したり、人員補充が比較的やりやすかったりするので、現場があえて不正を犯す理由がない。

一方、赤字事業、低収益事業は上からの黒字化プレッシャーは強いが、新たな投資を行うことができず、追い込まれてしまう。

品質不正を起こしたある工場の班長は、こう切り捨てた。

「これ以上のコストダウンは限界だ。営業や上の人間に値上げの必要性を訴えても、『仕事が切られるかもしれないから』と及び腰だ。工場長は『限界利益は出ているから』と正当化するが、先のない事業なのは、みんなわかっている」

国内市場だけに依存している事業の多くは、日本経済の縮小とともにこの先縮んでいくのは明らかだ。

かといって、すぐに事業自体が消えてなくなるわけではない。それが厄介だ。

「緩慢な衰退」は思い切った打ち手を講じることができず、組織を徐々に蝕んでいく。

それがわかっていながら、多くの日本企業は大胆な事業ポートフォリオの見直しを進めてこなかった。

「赤字の放置」が現場のプライドを毀損させる

赤字は悪である。

それは、経営管理だけの話ではない。赤字からの脱却が見通せない現場にとって、それは自分たちの存在意義を問われ、プライドを喪失させる深刻な事態である。

もちろん新規事業の立ち上げ時のような「健全な赤字」もある。

しかし、長い間営んでいる事業が収益を上げられないという事態を放置することは、経営の怠慢以外の何物でもない。

復活を遂げた日立製作所は、構造改革を断行した。その際に打ち出したのが、**「事業の撤退方針」**だ。

「売上高営業利益率の目標を8％超に設定し、5％未満の事業は撤退する」と打ち出した。

日本の大企業で日立のように明確な事業撤退方針を公表している会社は稀だ。

多くの日本企業はいま、事業ポートフォリオの見直しに迫られている。

これまで成長を支えてきた事業は成熟期、衰退期を迎え、事業の入れ替えを加速しなければ、成長軌道に戻すことはできない。

事業には寿命がある。**未来永劫成長しつづける事業など存在しない。**

成長が見込めない事業、収益改善が期待できない事業を抱えている余裕などいまの日本企業にはない。

事業の入れ替えを事業部まかせにしてはいけない

日本企業は事業に対する思い入れ、愛着が強い。

それは日本企業の強みでもあるが、弱みでもある。愛着が強いがゆえに、大胆かつダイナミックな事業の見直し、入れ替えができない。

なんとか事業を「延命」させることに尽力するが、抜本的な改善策は見出せず、やがて事業はやせ細り、撤退や売却に追い込まれる。

事業ポートフォリオの見直しは、コーポレート（本社）がなすべき最も重要な仕事のひとつである。**事業部まかせにしては、事業再編は進まない。**

「利益なき繁忙」は現場を著しく蝕む。

将来の主力と位置付けられない事業は、競争力や体力のあるうちに、競合他社への売却や統合を進めることが必要不可欠だ。

中長期的に見れば、その事業で働く人たちにとっても幸せな結果につながる可能性が高い。

事業再編は、経営の「意志」を持って進めることが求められている。

5

原因④ 前近代的な組織カルチャーの放置

昭和の時代を引きずったままの組織カルチャーが残っている

現場力にとって組織カルチャーは決定的に重要である。

にもかかわらず、日本企業の経営者はあまりにも無関心、無頓着だった。

昭和の時代を引きずったままの組織カルチャーが温存され、時代に合わなくなっているにもかかわらず、抜本的な手を打たないできた。

「昭和の時代を引きずったままの組織カルチャー」とは、たとえば次のようなものである。

- 同質的かつ閉鎖的で、異分子を排除する傾向が強い
- 「縦」の関係性が強く、「親分ー子分」の絶対的な主従関係に依拠する
- 「顧客は絶対」という「Master-Slave」の意識が強い
- 心理的安全性が低く、主体的な発言や行動ができない

・ストロングタイプ（強面）のリーダーが存在する

その典型例が**「オールドボーイズクラブ」**だろう。

これは男性中心の非公式な組織内コミュニティのことで、男性だけの飲み会やゴルフ、勉強会などを通じて排他的な派閥やグループが形成されることである。

政治の世界では「三人寄れば派閥ができる」と言われる。どんな組織でも、人が集まれば、そこにはグループが形成される。

問題は、そのグループの持つ排他性である。

異質や異分子を排除する組織から、「新たな価値」は生まれようがない。

多様性や包摂性の重要性が高まり、労働の流動性も高まる中、こうした組織カルチャーのままでは経営が立ちゆかなくなるのは明白である。

にもかかわらず、多くの日本企業は時代に合った「新たな組織カルチャー」へと転換しようとしてこなかった。

不正や不祥事の根本原因は、組織風土の劣化

実際、品質不正や不祥事を起こした企業に共通するのは、**組織風土の問題**である。

こうした企業が立ち上げた第三者委員会の報告書を読むと、必ずと言っていいほど**「組織風土に問題がある」**という結論になっている。

組織風土は目に見えない。目には見えないが、組織を覆う空気や雰囲気は必ず存在する。風通しがよく、オープンで軽やかな空気の会社もあれば、閉鎖的で重苦しく、淀んだ空気の会社もある。

上からの「圧」がきわめて強く、現場で深刻な問題が起きても、それを上に上げることができない。上に上げようとしても、真正面から向き合ってくれない。現場は問題を抱え込み、孤立する。

その結果、現場は不正や不祥事を起こしてしまう。

そして、その根底には日本の産業構造に潜む「Master-Slave」の関係性が色濃く影を落としている。

モノが言えない「風通しの悪い組織カルチャー」の企業から人が去っていくのは当然のことである。

組織カルチャーを抜本的に変えない限り、「新しい現場力」の創造は実現不可能である。

半数以上の従業員が意欲を持って働けていない

組織力は次の3つの要素で成り立っている。これら3つの要素が積み重なり、強靭な組織はつくられている。

ちなみに、私は「組織風土」と「組織文化」を合体させたものを「カルチャー」と定義している。

★組織風土

会社や業界の違いに関係のない、共通的・普遍的な組織要件。心理的安全性が高く、自由にものが言える環境が整い、お互いに協力し合う関係性が担保されている。

★組織文化

それぞれの会社の歴史や成功体験から生まれてくる独自の価値観や「らしさ」。これによって会社は個性的になり、独自のアイデンティティが確立される。

> ★組織能力
> 戦略の実行過程において粘り強く問題を解決し、結果を生み出し、ビジョンを実現する組織の実行能力。この組織能力こそが現場力である。

きわめて多くの日本企業は、組織の土台となる「組織風土」が傷んでいる。

ある大企業が行ったエンゲージメントサーベイでは、50%以上の従業員が「エンゲージしていない」(意欲を持って働けていない)と回答した。「エンゲージしている」(意欲を持って働けている)と回答した人はわずか10%にすぎない。

こうした状況は、この企業に限ったことではない。

従業員が意欲を持って働くことができる環境が整えられていなければ、現場力が高まるはずもない。

組織カルチャーとは「土壌」である

経営は「木」にたとえるとわかりやすい[3](図表3-2)。

事業は木の「幹」である。太くて立派な「幹」を育てることが、経営の本分である。

太い「幹」が育てば、やがて「枝葉」が伸び、「花」が咲き、「実」がなる。「花」や「実」

図表3-2　「土壌」と「根っこ」

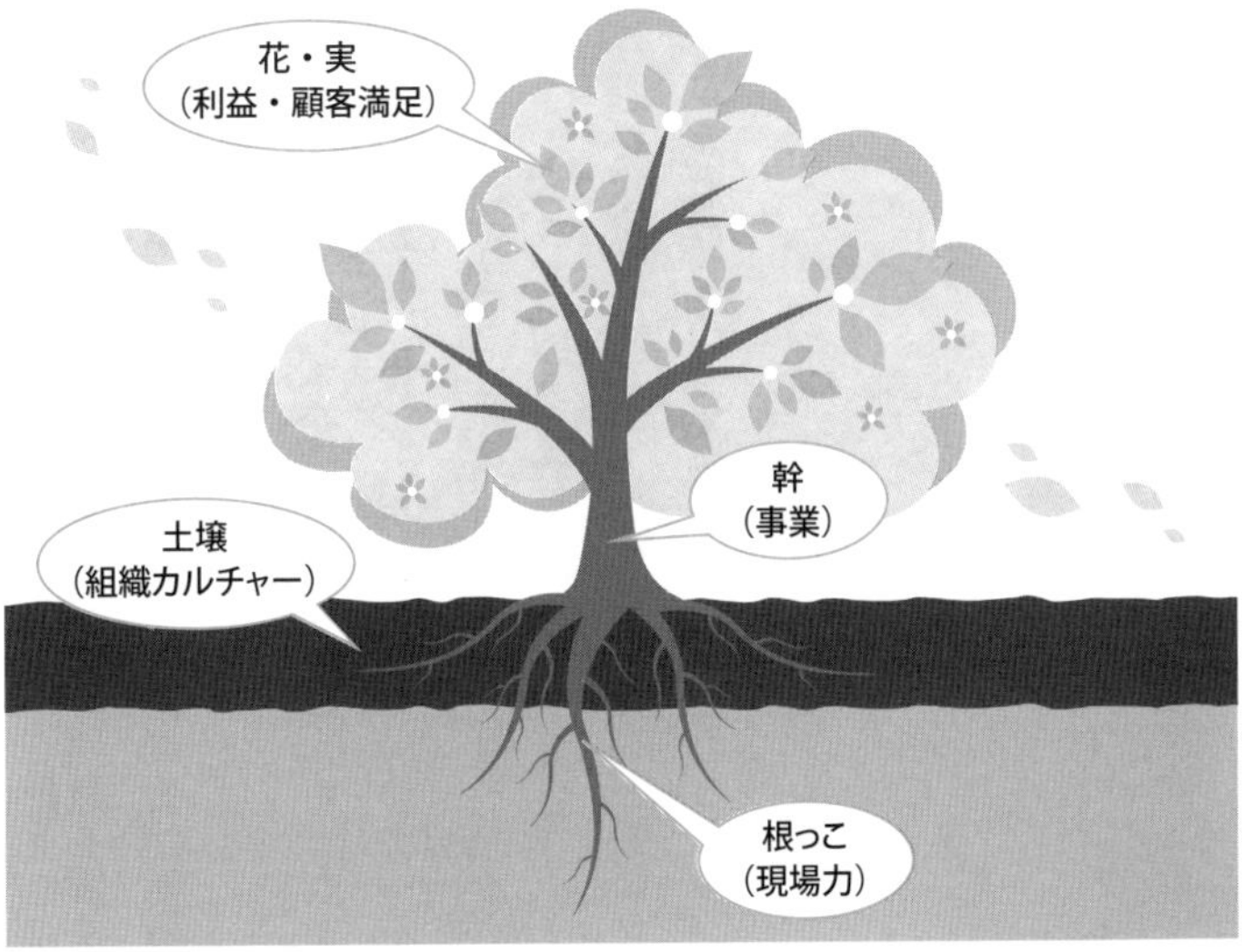

が利益であり、顧客満足である。

私たちはどうしても外から見える「幹」や「花」や「実」にばかり目がいきがちだ。

だが、最も大切なのは、その「木」が立っている**「土壌」**であり、その土の中にある**「根っこ」**である。

組織カルチャーとは「土壌」である。干からびて石ころだらけの土地に、どんなに種を蒔いたところで、芽が出るはずもない。

まずは、みんなで石ころを拾い、雑草を抜き、土を耕すことに汗をかかなければならない。カルチャー変革とはそういうことだ。

「土壌」が肥沃になれば、「根っこ」はたくましく成長する。

たくましく育った「根っこ」は土の中の養分、水分を吸い上げ、「幹」に送り込む。そして、やがて事業という「幹」は成長、発展する。

この**「根っこ」こそが現場力**である。

「土壌」が傷んだままでは、「根っこ」が太くたくましくなることはない。

封建的な主従関係に起因する不適切な「圧」は組織を著しく傷める。

昭和の時代を引きずった前近代的な組織カルチャーを放置したまま、日本企業が再生を果たすことは困難である。

第4章

「新しい現場力」へアップデートする

1

現場力の本質は変わらないが、力点や方法は変わってくる

現場力をアップデートしなければ、日本企業は生き残れない

日本企業にとって現場力の重要性はこれからも変わらない。いや、むしろますます重要になるだろう。

しかし、経営を取り巻く環境は目まぐるしく変化している。

経営環境が激変する中、過去と同じことを同じようにやっていたところで、厳しい競争に勝てるはずもない。

現場力という言葉こそ使っていないが、欧米のエクセレントカンパニーは経営における「実行」の重要性を認識し、**「実行できる組織」「結果を出せる組織」**をつくるためにさまざまな取り組みをしている。

現場で働く従業員たちの力を引き出すための環境整備や人材教育に積極的に投資し、**「実行」の局面において日本企業を凌駕**している。

それに対し、多くの日本企業は口先では「実行」重視と言いながら、現場を軽視、もし

くは現場まかせにしてきた。

金を稼ぐ設備には投資しても、従業員が働く環境を整備したり、人材育成への投資はきわめて限定的だった。

いまこそ、日本企業は**現場の労働環境を整備し、従業員の育成に力を入れ、現場力をアップデートさせ、「新しい現場力」を構築**しなければならない。

ボトムアップの力の重要性はますます高まる

第2章で解説したように、現場力とは「現場が主体的に問題を解決する力」のことである。

日常的に問題が発生している現場自らが、当事者としてそれらの問題を真正面から見据え、知恵を出し、創意工夫し、解決するボトムアップの力であるという本質は、これからも変わらない。

目まぐるしく変化が起きつづけるいまだからこそ、変化にさらされている現場自らが問題解決に取り組む必要がある。**企業の変化対応力とは、ボトムアップの力**にほかならない。

しかし、日本企業が置かれている状況、これからとるべき戦略の方向性によって、その力点の置き方や方法は変わってくる。

さまざまな現場を訪ねても、旧態依然とした取り組みに固執し、逆に時代から取り残されていると感じる現場がきわめて多い。**20年前と同じことを同じように繰り返すだけでは、競争力につながるような現場力は生まれてこない。**

それでは、「新しい現場力」とはどのようなものなのか。

その具体的な中身を議論する前に、私たちは現場力というものに対する考え方を根本から変える必要がある。

現場力に対するパラダイムシフトがなければ、現場力を再構築することは不可能である。

2

「会社のための現場力」から「従業員のための現場力」へ

これまでの現場力は「会社がもっと稼ぐためのもの」だった

日本企業は「終身雇用」「年功序列」「企業別組合」といういわゆる「三種の神器」を特徴とした経営を行ってきた。

図表４-１　現場力のパラダイムシフト

ジェームス・Ｃ・アベグレンが１９５８年に出版した『日本の経営』の中で指摘し、ＯＥＣＤが１９７２年に刊行した『対日労働報告書』でも取り上げられ、いわゆる「日本的経営」として世界中に知られるようになった[1]。

会社という同質的共同体の中で一致団結して競争力を高める経営手法は、日本の高度経済成長を支えてきた。

現場力という考え方も、いわばその延長線上にある発想だった。

つまり、会社という共同体組織が競争力を高め、もっと稼ぐために、現場力という組織能力を磨くことが求められた。

もちろんその過程で、従業員もやりがいや達成感を手に入れることができたが、根底にあるのは**「会社のための現場力」**である（図表４-１）。

「従業員のための現場力」への転換が不可欠

しかし、労働人口が減少し、労働の流動性がいっきに高まる中で、これまでと同じ発想のままでは、現場力を維持することすらできない。

新卒一括採用で同じ会社に入社し、同じ釜の飯を食い、同じような教育を受けたきわめて同質性の高い集団から、多様性・異質性を尊ぶチームをベースにした現場力へと変わっていかなければならない。

そして、その目的は「会社が稼ぐため」ではなく、**働く「従業員が幸せになるため」**でなくてはならない。

どんなに企業が利益を上げようが、そこで働く人が幸せではないところに優秀な人材は行かない。人に選ばれない企業は一過的に稼ぐことはできても、持続的な成長は困難である。

日本製鉄の復活を牽引してきた橋本英二会長は、こう語っている。[2]

「社員の給与の総額をどれだけ増やせたかが、私にとっての経営のＫＰＩ（重要業績評価指標）ですよ」

実際、日本製鉄は２０２４年の春季労使交渉で、労働組合の要求を上回る月３万５０００円と回答した。定期昇給などを含めた賃上げ率は14・2%になる。[3]ほかの大手企業でも満額回答が相次いだが、労働組合の要求を超える水準での回答には、日本製鉄経営陣の姿勢があらわれている。

これからは**従業員が会社を選ぶ時代**である。

従業員が仕事を通じてやりがいを感じ、働きやすい環境を整え、仲間たちとの一体感を感じることができる現場をつくることが求められている。

「新しい現場力」は「従業員ファースト」でなければ構築することはできない。

従業員の時間を無駄に使ってはいけない

じつは、「従業員のための現場力」という発想は、これまでも現場力を大事にしてきた日本企業の根底に流れている思想である。

トヨタ自動車5代目社長だった豊田英二氏は、メディアから「トヨタは乾いた雑巾を絞るように、従業員に改善をやらせている」という指摘に次のように反論している。[4]

「従業員は命を削って懸命に働いている。その時間を無駄に使ってはいけないのだ」

現場というところは無駄だらけである。懸命に働いてくれている従業員に一刻たりとも無駄なことをさせてはいけない。

だから、みんなで改善をして無駄をなくさなくてはならない。「けっして会社が儲けるために改善を従業員に強いているのではない」ということを彼は強調した。

トヨタ自動車における改善は、まさに従業員本位のものだった。

しかし、大半の日本企業は会社が利益を増やすために改善に取り組み、従業員をそのための「道具」として扱っている。

これでは、改善が現場に定着せず、現場力が劣化するのは当然のことである。

まずは「人に投資する」ことが先決
——従業員が幸せでないところから、現場力は生まれない

本書の冒頭で紹介した大手部品メーカーの主力工場を訪ねた際、社員食堂は暗く古めかしく、売店もおざなり程度の品揃えしかなく、トイレも古びたままの状態を見て、私は愕然とした。

図表4-2　「新しい現場力」の5つのポイント

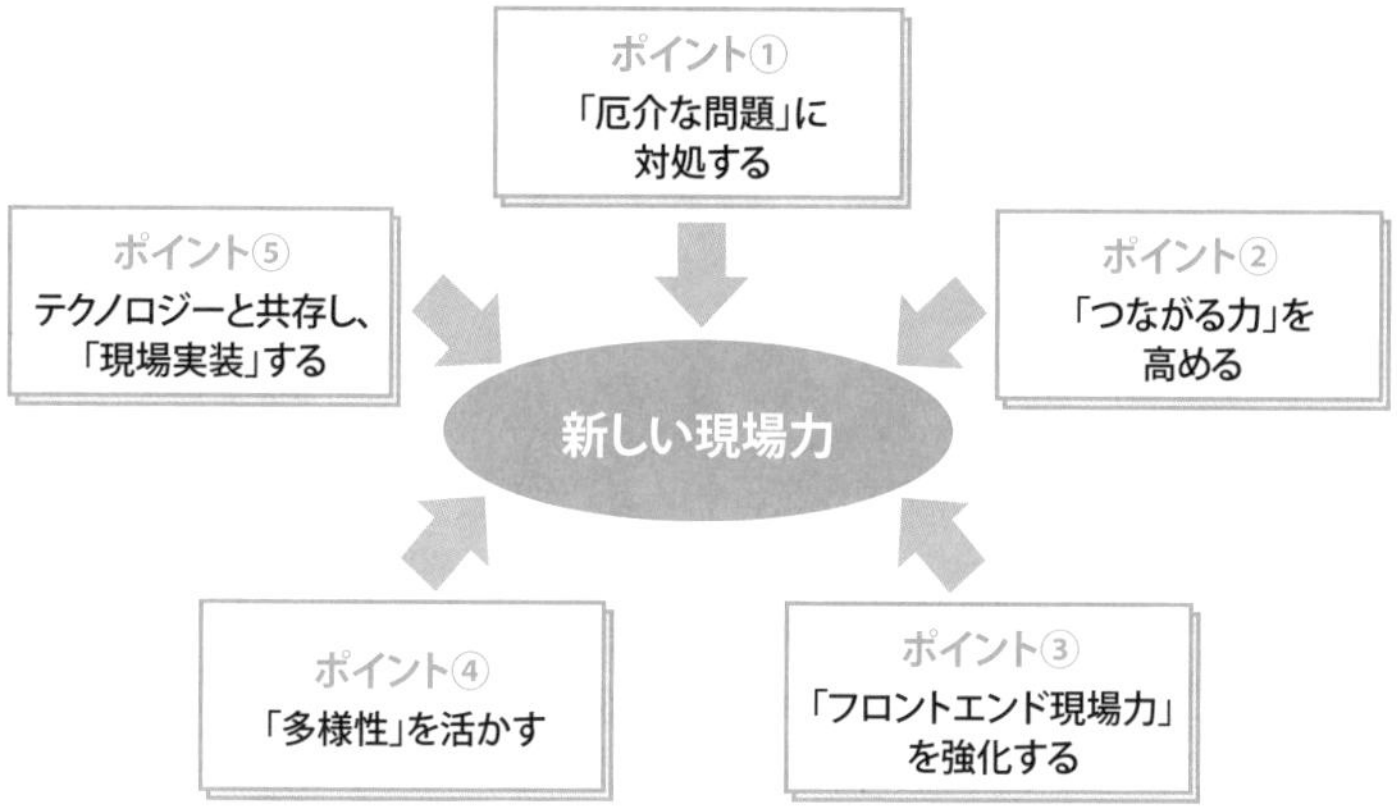

工場長に「設備投資は後回しにしてでも、従業員の働く環境の改善にいますぐお金をかけるべきだ」と進言した。

だが、工場長は「赤字が続いているので、いまはできない。従業員には『黒字転換したら、すぐに手をつける』と伝えている」という返事だった。

この発想自体が、もうダメなのだ。

「建物や食堂、トイレにいくらお金をかけたところで、売り上げや利益が増えるわけではない」というのは、昭和の時代から言い尽くされてきた古いモノづくりの発想だ。

従業員が快適に働くことができる環境整備を行うのは、マネジメントの最低限の責務である。

「利益が上がったら環境を改善する」は、もはや間違った発想である。**「環境を改善すれば、**

利益は必ず上がる」のである。

従業員が幸せでないところから、現場力は生まれない。

それでは、「新しい現場力」とは具体的にどのようなものなのか。

次の5点である（図表4-2）。

- **ポイント①**　「厄介な問題」に対処する現場力を身につける
- **ポイント②**　「つながる力」を高める
- **ポイント③**　「フロントエンド現場力」を強化する
- **ポイント④**　「多様性を活かす現場力」へシフトする
- **ポイント⑤**　テクノロジーと共存し、「現場実装」する

次節以降、ひとつずつ詳しく見ていこう。

3

ポイント❶ 「厄介な問題」に対処する現場力を身につける

「問題」は3つのタイプに分類される

現場力とは現場に内包されている問題解決力のことである。

しかし、一口に「問題」といっても、問題の種類や難易度はさまざまである。

私たちがまず認識しなくてはならないのは、**現場が解決すべき問題の難易度が飛躍的に高まり、従来の現場力では対処できなくなっている**ことである。

一般的に問題は、次の3つのタイプに分類される[5]。

①シンプルな問題（Simple Problem）

解決すべき問題と解決方法が、それぞれ明確に定義可能な問題。

変数が少なく、具体的な解決策も出そろっており、客観的な正誤の判断が可能。

②複雑な問題（Complex Problem）

解決すべき問題も解決方法も複雑で、それらを定義するところから始めないと解決できない問題。

しかし、論理的に問題の構造を解き明かしていけば、試行錯誤に時間はかかっても、解決が可能。

③厄介な問題（Wicked Problem）

問題が複合的な要因で形成されていて、何が問題なのかを定義することすら困難な問題。

多数の因果関係が絡み合っていて、「そもそも何をもって解決したとするのか」を定義するのかが困難。

「厄介な問題」の具体例としてよく取り上げられるのは、地球環境問題や貧困、いじめ、大規模災害などの社会問題である。

ビジネスの世界でも、「厄介な問題」は間違いなく増えている。

たとえば、**「小分けシャンプーのジレンマ」**はよく知られる例である。

先進国の企業は発展途上国の経済的に恵まれない人たちが買えるようにと、小さな包装の小分けされたシャンプーを使い切りの形で売っている。

そのこと自体は途上国の人たちにとってありがたいことであるが、その包装のゴミが大量に捨てられている。

途上国にはリサイクル処理施設はなく、捨てられた大量のゴミは生活環境を悪化させ、地球環境に負の影響を与えてしまう。

貧困のため大きなボトルのシャンプーを買えない人たちの衛生の問題は解決したが、それが別の大きな問題を引き起こしてしまう。

「厄介な問題」の10の特徴

「厄介な問題」を定義した数学者のホルスト・リッテルは、「厄介な問題」の特徴として次の10を挙げている。

特徴①　正解がない

特徴②　「解けた」という状態が見分けられない

特徴③　客観的な正誤は存在せず、「まあまあ好ましい」（better）か「好ましくない」（worse）かしかない

特徴④　テストする術がない
特徴⑤　どんな解決策も一時的な操作にすぎない
特徴⑥　要素分解できず、操作しようにも説明する術がない
特徴⑦　それぞれがほかに存在しない固有の問題である
特徴⑧　別の問題の症状として発現している（解決を行っても、新たな問題が生じることは避けられない）
特徴⑨　さまざまな切り口で説明できても、全貌はつかめない
特徴⑩　計画する者は間違いを許されない

ビジネスを取り巻く環境は、たんなる経済的な要因だけでなく、地政学的要因、気象学的要因、疫学的要因など、ビジネスとは直接的には関係のない多様な要因に大きな影響を受けるようになっている。

しかも、テクノロジーの進展によるデータ量の増殖、ＳＮＳなどによる情報の増殖により、ビジネスの構造そのものがきわめて複雑化している。

つまり、**企業の現場で発生する問題は、間違いなく「厄介な問題」が増えている。**

たとえば、企業活動におけるサプライチェーンはグローバル化が進んでいる。

関係する国が限定される地産地消のビジネスモデルであれば、発生する問題は比較的シ

ンプルだが、サプライチェーンが地球規模になれば、地政学的リスクや異常気象の影響を大きく受けることになる。

「シンプルな問題」や「複雑な問題」を解決するのはもはや当たり前のことであり、「新しい現場力」は「厄介な問題」に対処しなければならないのだ。

もちろん、「シンプルな問題」や「複雑な問題」を軽視していいというわけではない。「人づくり」という観点からも、問題解決力はステップアップしながら磨かなければならない。

しかし、「複雑な問題」を解決できるからといって、現場力が高いことにはならない。

「正解」のない「厄介な問題」に対処できる現場力こそが求められている。

論理思考、仮説思考だけでは「厄介な問題」に対処するのは難しい

問題解決をするには当然、考えなければならない。解決策を生み出すための思考法が必要である。

「厄介な問題」に対処するには、従来の思考法のままでは解決に導くことは難しい。

「シンプルな問題」に対処するには、理詰めで解決策を導き出す**「論理思考」**が有効であった。問題が発生しているメカニズムを論理的に解明すれば、答えに辿り着くことがで

きた。

「複雑な問題」の場合は、さまざまな要因が複雑に絡み合っているので、理詰めだけではなかなか解決できないことも出てくる。

その際に有効なのは、問題発生のメカニズムや有効な解決策に対する仮説を立て、それを検証しながら対処するアプローチである。

これを**「仮説思考」**と呼ぶ。

しかし、こうした論理思考、仮説思考だけに頼っていたのでは、「厄介な問題」に対処するのは難しい。

「厄介な問題」では論理はひとつとは限らない。多様な論理や理屈が複雑に絡み合っているから、「正解」が導き出せない。

また、仮説を組み立てるのも難しい。どの立場に立つかによって、仮説そのものの設定は異なる。

仮説すら立てることができないから、厄介なのである。

「デザイン思考」的発想で、クイックに試しながら学習し、修正を加えていく

それでは、「厄介な問題」には、どのような思考法で対処すればいいのか。

その具体的方法論として生み出されたのが、**「デザイン思考」**や**「アジャイル思考」**である。

デザイン思考は、デザイナーがデザインする過程で用いている思考プロセスをビジネスに応用したものである。米国ではアップルやグーグルなどでも広く採用されている。

デザイナーは自らの手を動かし、微妙に修正を加えながら、成果物に仕上げていく。**最終形に直線的に向かうのではなく、柔軟に軌道修正しながら、ゴールを目指すのが彼らの仕事のやり方**である。

この発想は、先行きが不透明で、変化のスピードが速く、しかも問題の難易度が格段に上がっているビジネスの世界においても、有効なアプローチである。

デザイン思考は、けっして最先端の思考法ではない。米国では１９８０年代にその概念が紹介され、導入する企業が増えていった。

シリコンバレーの企業では、**「Fail fast, fail cheap, and fail smart」**（**早く失敗し、安く**

失敗し、賢く失敗する）という言葉がさかんに使われる。

これはまさにデザイン思考の発想である。「まずやってみる」「まず動いてみる」という行動重視の姿勢、フットワークのよさが多くのイノベーションにつながっている。

もちろん、デザイン思考も完璧なものではない。

「目先のアイデアばかりにとらわれている」「非現実的で根拠のない提案にとどまっている」などの批判もある。

しかし、それでも**「デザイン思考」的発想の導入は、日本企業が再生を果たすためには欠かせない**と私は考える。

「アジャイル思考」で、フットワークの軽さ、柔軟性を身につける

日本企業が「失われた30年」において勢いをなくし、イノベーションを起こすことができなかったひとつの理由は、**「完璧性の追求」**にある。

マサチューセッツ工科大学のマイケル・クスマノ教授は、**「日本はソフトウェアを製造業として捉えてしまった」**と指摘する。[6]

米国企業は100％完成する前のソフトウェアやサービスを早い段階で市場に投入し、顧客と対話を重ね、失敗をいとわずにバージョンアップさせてきた。

それに対し、日本企業は社内を説得するための合理性の証明に多大な時間とエネルギーをかけ、結局実行に至らず、その間に海外企業に出し抜かれるという失敗を何度も繰り返してきた。

そうした過ちを繰り返さないためには、**「アジャイル思考」**を身につける必要がある。

アジャイル思考とは**「小さな単位で修正を繰り返しながら、完成度を高めていく考え方」**だ。

アジャイルとは「事前に詳細に計画を立てるのではなく、短いスパンで実装とテストを繰り返しながら完成を目指す」というソフトウェア開発手法を指す。

そして、この考え方の有効性は、システム開発だけにとどまらない。

不確実性の高い経営環境においては、イノベーションや商品開発、業務改革など経営のあらゆる局面において、アジャイル思考が求められている。

「面白い！」と感じるアイデアが生まれたのなら、「さっさとやってみればいい」というフットワークの軽さ、柔軟性、いい意味での「いい加減さ」を日本企業は失っていた。

小さく始め、小さな失敗を繰り返しながら、スピーディに物事を前に進めていく。**フットワークの軽さ、柔軟性、臨機応変に対応する力は、「新しい現場力」には欠かせない要素**である。

これまでの「正解」を探し求める「論理思考」だけに頼っていたのでは、新たな価値の創造はできない。

「厄介な問題」を扱ううえで大切な2つのこと

増殖する「厄介な問題」に対処するうえで大切なことは、次の2点である。

大切なこと❶ 「厄介な問題」は現場だけでは解決できない

たとえ現場で起きているからといって、「厄介な問題」を現場まかせにしてはいけない。どんなに現場力が卓越している現場でも、**現場単独で「厄介な問題」を解決することは困難**である。

本社・本部が積極的に関与し、経営幹部自らも「厄介な問題」に向き合い、現場では対処しきれない問題に対して施策や打ち手を講じる必要がある。

大切なこと❷ 多様な思考法を柔軟に使い分ける

論理思考が万能でないように、デザイン思考やアジャイル思考も万能ではなく、思考法のひとつにすぎない。

しかし、問題の複雑性、難易度は高まり、論理的に考えれば、正解が導き出され、解決できることばかりではないのも現実である。

完璧な「答え」を見出すための議論に膨大な時間を割き、タイミングを逃したり、完璧だったはずの「答え」が不正解だったりする。

時には直感や思いつきを大切にし、**試行錯誤しながら前に進める方法論**を日本企業は身につける必要がある。

事例１

経営幹部が「デザイン思考」を学ぶ三菱電機

２０２１年に品質不正事案が発覚した三菱電機は、その再発防止策として「３つの改革」に取り組んでいる。「３つの改革」とは**品質風土改革**、**組織風土改革**、そして**ガバナンス改革**である。

これらの改革は経営上の最重点課題として位置付けられ、取締役会がモニタリングするとともに、ウェブサイトを通じて社内外に開示されている。

こうした改革とともに、推進しているのが**人材教育**である。

これまでにも人材教育には力を入れてきたが、これまでになかったような研修プログラムを強化している。

そのひとつが、モノづくりのトップである製作所長を全員集めて実施する「**製作所長ワークショップ**」、そして販売の責任者である事業部長を全員集めて実施する「**事業部長ワークショップ**」である。

私は、これらのワークショップでファシリテーターを務めてきた。

国内の全製作所長、全事業部長が集まり、経営課題を議論し、社長への提言をまとめ上げ、発表し、討議する。

同社は多様な事業を展開しているため、どうしても事業本部ごとの縦割り意識が強く、事業本部をまたいで製作所長や事業部長が集まり、研修を受けることはこれまで稀であった。

本部の垣根を越えて、全社横断的な視点で議論し、同社の総合力を活かすためにどうすればよいのかを真剣に議論している。

そのワークショップのひとつのメニューとして取り入れているのが「**デザイン思考研修**」である。

同社には、デザインを司る統合デザイン研究所が存在する。

プロダクトデザインだけでなく、ソリューションデザインやUXデザイン、インタラクションデザインなど、デザインという視点から研究開発に取り組んでいる。

そのひとつの活動に、**デザイン思考の普及**がある。

若手を中心とした社内向けの教育だけでなく、地域の小学校や商店街などと連携し、デザイン思考の社会実装に取り組んでいるが、経営幹部に対するデザイン思考の教育はこれまで限定的だった。

そこで、**「製作所長ワークショップ」「事業部長ワークショップ」においても、デザイン思考のエッセンスを学ぶプログラムを導入**している。

マクドナルドやＰ＆Ｇといった企業の実践例を学び、デザイン思考のプロセスを体験してもらうために、受講者参加型のプログラムになっている。

ともすると、これまで論理的に解決策を導き出そうとする姿勢が強かったが、「厄介な問題」にはより柔軟で実践的なアプローチが求められることを体感してもらうことが狙いである。

部下に「正解」を求めるのではなく、部下に寄り添い、一緒に最適解を探し求めることの重要性を学んでいる。

大事なのは、経営幹部自らがデザイン思考やアジャイル思考を身につけ、「答えのない問題」に部下と一緒に向き合うことである。

4

ポイント❷ 「つながる力」を高める

これだけ世界はつながったのに、現場はどうしてつながらないのか

私たちを取り巻く環境変化を20年前と比較すると、真っ先に挙げることができるのが**インターネットやSNSの普及**である。

時間、空間、国境などあらゆる「境界線」を越えて人と人とが「つながる」ことが可能となり、さまざまな「新たな価値」を生み出している。

それでは、企業の現場はどうだろうか。

現場同士がつながり、積極的な交流が増え、一緒になって問題解決を進めたり、「新たな価値」を生み出したりしているだろうか。

残念ながら、その答えは「ＮＯ」である。

相変わらず、それぞれの現場は分断され、孤立し、サイロ化したままだ。

現場力強化の目的は、各現場が自律・自走し、自分たちで問題解決を進める能力を養うことである。

だが、それは目的の半分にすぎない。

自律・自走する現場同士がつながり、横連携を強化し、より大きな問題を解決したり、より大きな価値を生み出したりするのが現場力の重要な目的である。

そのためには、**現場同士が有機的につながり、情報や経験、知恵を共有し、お互いに刺激し合い、現場力を高め合う関係性の構築が必要**である。

その重要性は、いまに始まったことではない。

20年前に出版した『現場力を鍛える』でも、「タコツボ」をぶち壊すことの重要性や自律的組織のネットワーク化について言及している。

しかし、現実を見れば、現場の「つながる力」は高まっているとは言えない。

現場は「半径5m」に埋没する

なぜ現場は分断され、孤立化するのか。

それは、現場というところの「本性」に由来する。

現場は企業活動における価値を生み出す主体である。そのミッションを遂行するためには、わき目も振らずに目の前のことに没頭し、懸命に「いま・ここ」を生きることが求められる。

放っておけば、現場は目の前のことにしか関心を持たないし、「その日暮らし」に陥る。つまり、**現場は「半径５ｍ」の中だけで生きている**のである。

従業員数千人を抱える大工場を訪ねたとき、ある製造現場の班長に話を聞いたところ、**工場内のほかの製造現場を見学したことがない**と言う。その工場内にはいくつもの建屋があるが、**ほかの建屋に入ることも稀**だと言う。

自分が所属する工場内においてすら、ほかの製造現場との交流はきわめて限定的なのである。

これは、製造現場に限った話ではない。

ある企業の営業支店を訪ねた際、それぞれの営業マンは自分が担当する顧客にしか関心がなく、**隣に座っている営業マンがいま何をしているのかよく知らない**と言う。

物理的に同じ空間にいるだけで、そこには何の「つながり」も生まれていない。それぞれが「半径５ｍ」というきわめて狭い世界に埋没しているのである。

同じ工場、同じ支店に属していても、このありさまである。

ましてや、何の打ち手も講じなければ、ほかの工場や営業支店と「つながる」ことなど起きるはずもない。

人・情報・知恵を「交流」させることで問題解決力を高める

「半径５ｍ」に埋没する現場同士を「つなげる」ことの意味はどこにあるのだろうか。

それは、**現場同士の「交流」（interaction）が生まれることによって、情報が「交流」し、知恵が「交流」する**からである。

現場力は「実践知」を生み出す活動である。

それぞれの現場が生み出した「生きた知恵」をそのまま放置し、組織的に活かさないのはあまりにももったいない。

ましてや、前節で語ったように、現場で発生する問題は「厄介」なものが間違いなく増えている。

それぞれの現場が単独で努力するだけでなく、**現場同士がネットワークを組み、みんなで知恵を分かち合う**ことが、これまで以上に重要となっている。

組織は「縦の力」がきわめて強い。横を意識したり横に動いたりするというのは、きわめて難しい。

しかし、縦糸と横糸が組み合わさってはじめて織物がつくられるように、縦と横が重なり合うことで強い組織はつくられる。

図表4−3　「つながる力」を高めるサイクル

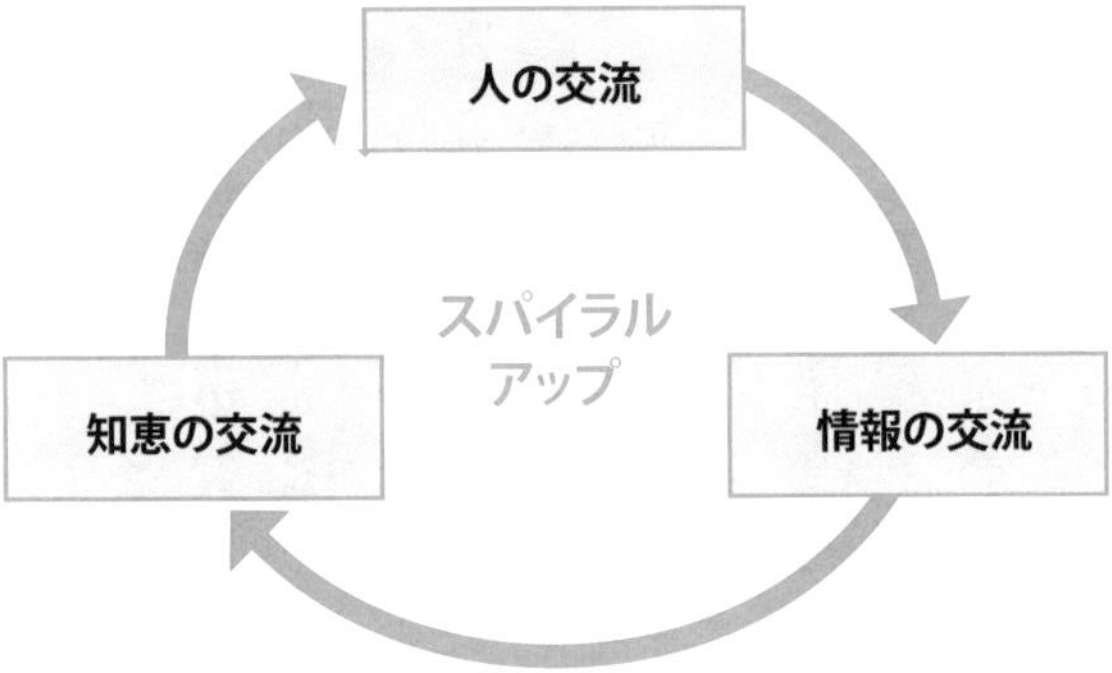

「横串」「横展開」という「横の意識」を高めることが、いまこそ求められている。

とはいえ、放っておいても現場同士は勝手にはつながらない。

「交流」を創造するための仕組みや仕掛けを講じる必要がある。

そのためには、**まず「人の交流」を生み出すのが先決**である。

たとえば、現場のリーダークラスがお互いの現場を訪ねるなど、**「非日常」を経験させる**ことが大事だ。

人がつながれば、そこから**「情報の交流」「知恵の交流」**が生まれてくる（図表4−3）。

現場同士をつなげ、有機的な関係性、ネットワークを構築することによって、現場同士が相互に刺激し合い、協力し合い、現場力は間違いなく高まっていく。

外の世界との「つながる力」を高める

「つながる力」の重要性は、同じ会社、組織内に限定されるものではない。

むしろ、外部企業との連携・協創ができなければ、「新たな価値」を生み出すのは至難である。

オープンイノベーションやエコシステムの重要性はさんざん指摘されているが、それを実現できている日本企業はきわめて少ない。

経営トップ同士が交流することは大事だが、現場同士がつながり、実質的な交流が生まれなければ、「新たな価値」は生み出し得ない。

日常的には切磋琢磨するライバル企業同士であっても、共通するテーマについて共感性の高い目標を掲げ、侃々諤々の議論を繰り返し、個々の企業努力では実現できない大きな価値を生み出すダイナミズムこそが、日本企業には求められている。

もはや同質性に価値はない。

異質同士が手を組むからこそ、意見の衝突や「建設的対立」が生まれ、それを乗り越えた先に未来は生まれる。

「Open Eyes」「Fresh Eyes」を仕掛ける

現場にはとてつもない秘めた力が存在する。その一方で、現場というところは近視眼的であり刹那的である。

「いま・ここ」を生きる現場が未来に向けて動き出すためには、現場が覚醒するための「2つの仕掛け」が必要である。

①「Open Eyes（目を開き、外を見る）」ための仕掛け

ひとつめは、**「Open Eyes」**つまり**「目を開き、外を見る」**ための仕掛けである。

狭い世界に閉じこもりがちな現場の人たち、とりわけ現場リーダーたちの目を外に向けさせ、自分たちよりもレベルの高い現場を自分の目で見たり、さらには異業種や他企業の現場に興味を持たせたりすることが必要である。

ほかの世界を知ることで、自分たちを客観視し、自分たちの長所や欠点に目を向けるきっかけとなる。

②「Fresh Eyes（新鮮な目での気づきを取り入れる）」ための仕掛け

2つめは、**「Fresh Eyes」**つまり**「自分たちとは異なる新鮮な目での気づきを取り入れる」**ための仕掛けである。

長年、同じ現場にいると、どうしても日常に埋没し、問題意識すら持たなくなってしまう。課題にも気づかなくなってしまう。

そんなとき、外部の客観的な指摘を得ることで、自分たちの取り組みを振り返ることができる。

現場同士がつながれば、お互いが「Fresh Eyes」を持ち、高め合うことが可能となる。**「情報の交流」や「知恵の交流」はデジタルプラットフォーム上でも可能**である。しかし、**その前提条件となるのは、人と人との関係性**である。

お互いの現場を訪問し合うことで、「人の交流」を促し、「有機的なつながり」をつくる。**現場力は現場同士の切磋琢磨によってスパイラルアップする**のである。

事例❷

所長同士の「横連携」から新たな動きを広げる三菱電機

前節の事例で紹介した三菱電機の製作所長ワークショップは、「新たなつながり」

を生み出す好例でもある。

ワークショップの主目的は、三菱電機の未来についてモノづくりの責任者である所長同士が本音で議論し、社長をはじめとする経営陣へ提言することである。

しかし、その過程において所長同士はお互いの意見を戦わせ、本音を吐露し、侃々諤々の議論を行う。**濃密な過程から生まれる「連帯感」「共感」**は、彼らにとって何物にも代えがたい財産である。

同じ会社とはいえ、各本部の縦割り意識はきわめて強い。

製作所長という同じ役職を担っているにもかかわらず、本部を超えた所長同士の「交流」はきわめて限定的だった。

しかし、ワークショップを通じて所長間に組織の壁を超えた「交流」が生まれはじめた。

まずは所長同士がお互いの製作所を相互訪問し、意見交換を行う。そこから、共通の問題意識が芽生え、中堅層や若手を中心とした勉強会や人材交流が始まった。

さらには、部長、課長クラスの人事異動にも発展している。

こうした動きは、いままでにはなかった**現場主導の「横連携」**である。

自分たちにとっては当たり前のことが、ほかの人たちにとっては新鮮で貴重な発見であり、気づきになり得る。**異質の組み合わせは、それ自体が相互刺激**である。

「ひとつのつながり」が「別のつながり」を生み出す。そして、その輪は広く、深くなっていく。

まさに、**「つながりの連鎖」**が生まれはじめているのである。

5

ポイント③ 「フロントエンド現場力」を強化する

価値創造とは「3つのプロセスの循環」である

企業は価値創造を行っている。**社会や顧客が必要とする価値を生み出す**のが企業のミッションである。

価値創造プロセスは、**「価値訴求」「価値創出」「価値伝達」**の3つのプロセスに分解することができる。ひとつずつ見ていこう（図表4-4）。

図表4-4　価値創造は3つのプロセス循環

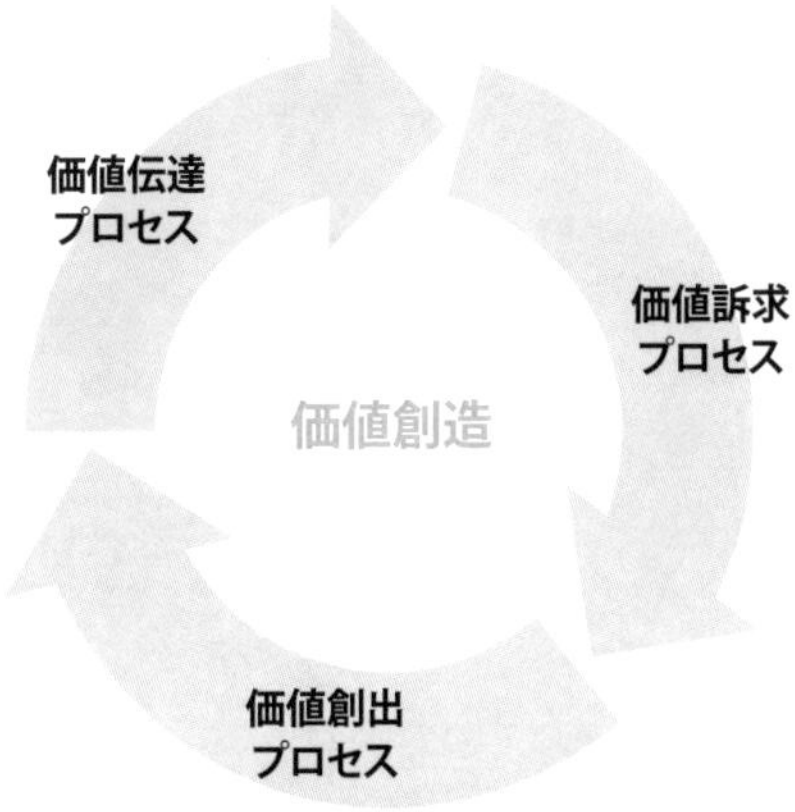

①価値訴求プロセス

企業が生み出そうとする価値を市場や顧客に認知させ、適切なプライシングを行い、営業や販売活動を行い、顧客を購買行動へと誘導するプロセス。

②価値創出プロセス

顧客が求める価値を企画・開発し、生産活動を行い、実際に価値を生み出すプロセス。

③価値伝達プロセス

生み出した価値を顧客に届け、その後のフォローアップやアフターサービスを実施するプロセス。

製造業における機能でいえば、「価値訴求

プロセス」はマーケティング部門や営業部門が担っている。
「価値創出プロセス」は研究開発部門や生産部門が担い、「価値伝達プロセス」は物流部門、アフターサービス部門、コールセンターなどの機能がそのプロセスを担っている。

無形の価値を生み出すサービス業においては、顧客接点において「価値創出」と「価値伝達」が同時に行われるという特徴を持っている。

3つのプロセスは独立して存在するのではなく、ひとつの「循環」を形成している。創出された価値を効果的に伝達することができれば、顧客の満足度は高まり、それが次の購買行動へとつながっていく。

「満足した顧客」が最も効果的なマーケティングツールであり、それを活かした価値訴求が必要になっている。

「価値訴求プロセス」の現場力に大きな課題がある

これまで現場力といえば、「価値創出プロセス」や「価値伝達プロセス」に従事する現場に力点が置かれていた（図表4－5）。

とりわけ日本企業の「お家芸」ともいうべきモノづくりの現場、つまり生産や製造の現場をイメージする人が多かった。

図表4-5　価値訴求プロセスを重視し、バランスをとる

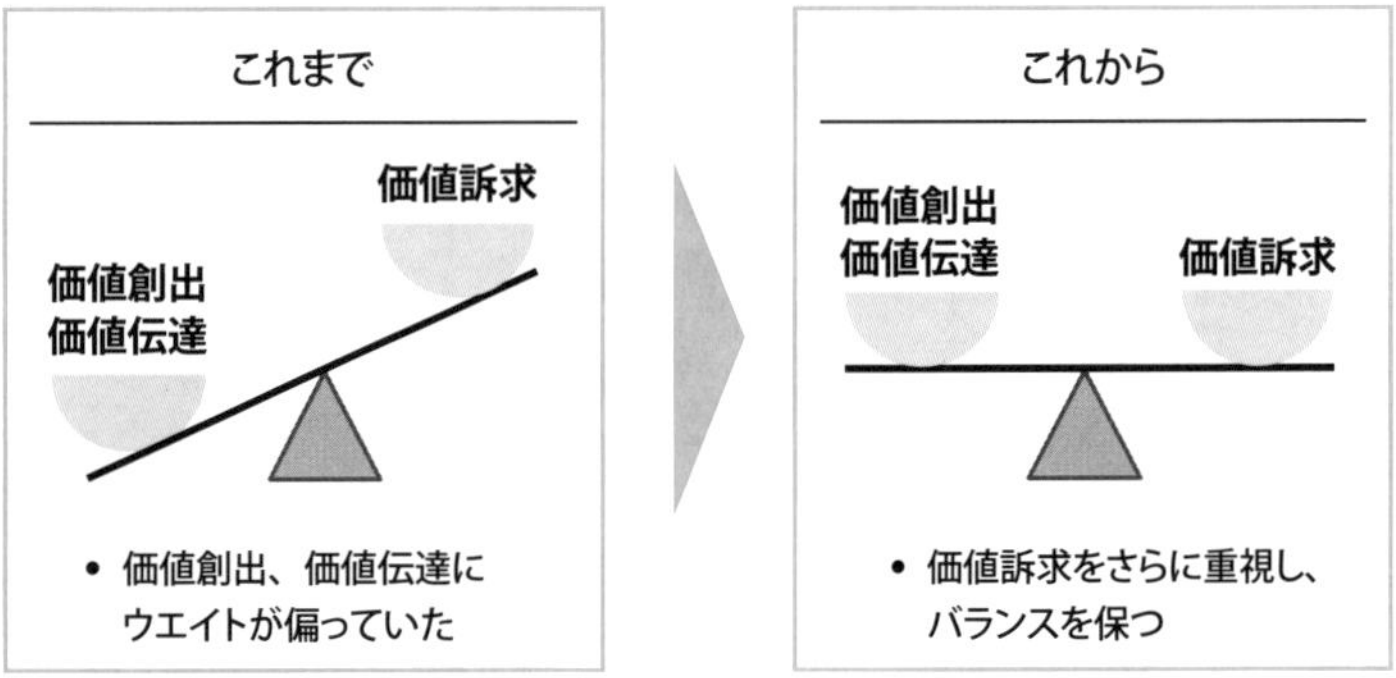

生産や製造以外でも、設計開発や物流、保守・メンテナンスなどのコスト、品質、納期といった目に見える価値を生み出す機能を担っている現場を主たる対象としてきた。

「価値創出プロセス」や「価値伝達プロセス」がこれからも重要であることは言うまでもない。

しかし、日本企業の実情をあらためて考えてみると、**「価値訴求プロセス」、つまりマーケティングやブランディング、そして営業や販売の現場力に大きな課題があることは明白**である。

その課題とは次のようなものである。

――高い価値があるにもかかわらず、それが市場や顧客に適切に伝えることができていない

――目の前の案件の受注や量を確保することを優先するあまり、価値を適正な価格に

反映することができていない
——企業努力の限界を超えたコスト増をタイムリーに価格に転嫁することができていない

わかりやすく言えば、**価値あるものを「安売り」してきた**のである。

もちろん「品質の高いものをリーズナブルな価格で」という戦略を否定するわけではない。

しかし、安く売るために量を確保し、コストを削減する努力は限界に近づきつつある。

身を削るコスト削減一辺倒の経営から脱却するためには、「価値訴求プロセス」の現場力を高めなくてはならないのだ。

安売りは企業を疲弊させるだけだ
——「なぜ日本企業はこれだけの高品質のものを、こんなに安い価格で売るのか」

以前、私が日本法人の社長、会長を務めていた欧州最大級の経営コンサルティング会社であるローランド・ベルガーの創業者ベルガー氏が、私にさかんに言っていた言葉を思い出す。

「なぜ日本企業はこれだけの高品質のものを、こんなに安い価格で売るのか。安売りするのは企業を疲弊させるだけだ」

そして、ドイツ企業について、こう語っていた。

「ドイツ企業はけっして安売りしない。自分たちが生み出す価値に自信があるから、それを価格に反映させる。高くても買いたい、価値に見合う価格を支払うという顧客だけに売ることを徹底させている」

「価値訴求プロセス」を担っているのは、顧客との接点を担うマーケティングやブランディング、営業、販売といった機能を担う現場だ。

こうした機能に内包する現場力を**「フロントエンド現場力」**と呼ぶことにしよう。

時代遅れで前近代的な考え方や慣習が、いまだに色濃く残っている

私自身もこれまでコンサルタントとして数多くの企業の営業改革やマーケティング改革

に関わってきたが、**正直、時代遅れで前近代的な考え方や慣習が、いまだに色濃く残っている。**

特定顧客、重要顧客にべったり張り付き、顧客から言われるままに対応するのが優秀な営業マンと呼ばれたり、採算度外視で受注を優先したりする慣行がなくなっていない。

「Master-Slave」と呼ばれる隷属関係がなくならない限り、日本企業が高収益企業になることはできない。

日本企業の基本戦略は、模倣困難性の高い緻密性、精密性、繊細性を兼ね備えた高付加価値戦略である。

それを成功させるためには、「価値創出プロセス」や「価値伝達プロセス」と「価値訴求プロセス」を同等に扱うことが必要不可欠である。

つまり、**「フロントエンド現場力」の強化なくして、日本企業の復権はあり得ない**のだ。

「価値に基づく値付け」こそがプライシング

「フロントエンド現場力」において最も重要な柱のひとつがプライシング、つまり**価格政策**だ。

価格とは**「価値の値付け」**である。その商品やサービスの持つ価値を、価格という数字に置き換えるのがプライシングである。

つまり、**「価値に基づく値付け」（Value-based Pricing）を行うのがプライシングの基本**である。

価値に対する顧客の「支払い意欲」をもとに価格を設定する。

つまり、提供する商品やサービスに対する顧客の「支払い意欲」が増大すれば、値上げの余地が生まれ、値上げしても顧客はついてくる。

しかし、**これまでの日本企業の多くは「コストに基づく値付け」（Cost-based Pricing）を行ってきた。**商品やサービスを生み出すためにかかるコストを基準として、そこにマージンを乗せることで価格を決定する。

そこには、顧客の「支払い意欲」は反映されない。

それでは、「価値に見合う価格」を設定することはできない。

プライシングこそ最も重要な経営マターだ

日本製鉄の復活を牽引した橋本英二会長は、シェアより値上げにこだわり、「適正価格でなければ安定供給ができない」とトヨタなど大手自動車メーカーに迫り、値上げを実現させた。[7]

就任以来、「つくる力」と「売る力」の再構築を掲げ、とくに「売る力」については、安定的にマージンをとることができる価格でなければ高品質な製品の安定供給はできないと訴えつづけた。

「利益なき顧客至上主義」が会社の体力を奪っていると、**「覚悟の値上げ」**を進めてきた。それは「Master-Slave」という関係性に終止符を打つという決断でもある。

それにより、日本製鉄は**利益だけでなく、プライドも取り戻した。**

プライシングはきわめて重大な経営マターである。現場まかせにしてはいけない。

商品企画や商品開発、生産に関する設備投資などについては役員層が関与するのに、プライシングは現場まかせになっている会社はいまだに多い。

営業現場は、どうしても受注することに前のめりになる。

受注を優先させ、無茶なコスト削減を生産現場などに押し付け、それでもなんともならず不採算に陥るという事例は山ほどある。

味の素の藤江太郎社長は**「値付けは経営そのものだ」**と指摘する[8]。

プライシングに対する考え方、仕組みを根本的に変えることが、日本企業の再生には不可欠である。

事例③

提案型営業への変革で成長軌道に乗るルネサス[9]

半導体大手であるルネサス エレクトロニクスは、２０１０年に営業開始した。三菱電機と日立製作所から分社化したルネサス テクノロジとＮＥＣから分社化した半導体部門ＮＥＣエレクトロニクスが統合して誕生した。

弱体化した日本の半導体産業が、２００８年のリーマンショックで追い込まれた末の再編だった。

２０１１年の東日本大震災で、主力の那珂工場（茨城県ひたちなか市）が被災した。さらに急激な円高が収益を圧迫し、２０１４年３月期まで9期連続で最終赤字という惨憺たる状況に追い込まれた。

経営陣は構造改革を断行した。国内外に30カ所あった工場を18カ所に集約し、従業員数も半分以下に減らした。これらの身を切る改革で、固定費は約半分に圧縮された。

しかし、それだけでは再成長は果たせない。

そこで、ルネサスは２０１７年以降、矢継ぎ早に海外のアナログ半導体の設計開発会社を買収した。総投資額は１・７兆円にものぼった。

この**戦略シフト**が奏功した。ルネサスは買収した会社から**提案型営業のノウハウ**を手に入れることに成功したのだ。

それまでは半導体を単品として売る営業スタイルが中心で、顧客から買い叩かれていた。

２０１９年ごろから「ウィニング・コンビネーション」と呼ばれる提案型営業が本格化した。

センサーや通信情報をデジタル信号に変換するアナログ半導体をマイコンと組み合わせることで、顧客のさまざまな要望に応えることができる。ルネサスの持つ高い技術力、総合力を活かす営業手法だ。

「ウィニング・コンビネーション」の種類は５００を超えている。

こうした付加価値営業への転換によって、収益率は大幅に改善している。

従来の粗利益率は３割程度だったが、２０２３年12月期には57％まで高まっている。

その結果、時価総額もはじめて５兆円を突破した。

ルネサスは以前からその技術力、品質には定評があった。しかし、その価値を価格に転嫁することが長年できていなかった。

提案型営業という「フロントエンド現場力」を手に入れることによって、大きく飛躍することに成功したのだ。

6

ポイント④

「多様性を活かす現場力」へシフトする

「厄介な問題」では経験則が活きない

現場というところは、経験がものを言う世界である。

常に変化にさらされている現場にとって、経験が「ある」か「ない」かは絶対的な違いとなってあらわれた。

だから、経験値の高いベテランが幅を利かすようになり、経験の浅い若手はものを言いづらい雰囲気になってしまう。

「ベテランが力を発揮する」という前提は、反復性の高い問題が発生し、その問題の原因も比較的単純であることだ。

そういうときには、ベテランの経験やカン、コツは有効だ。

しかし、本章のポイント①で取り上げたように、現場で発生する問題はますます「厄介」なものへと変質している。

しかも、テクノロジーの進展によって、その解決策も前例のやり方が有効とは限らない。

これまで経験したことのないような問題に遭遇したとき、「縦」の関係ばかりに依存し、過去の経験に縛られ、発想が固定化していることは、逆に問題解決の阻害要因となりかねない。

多様性を「加える」のではなく「混ぜる」

「厄介な問題」に対処するには、多様で柔軟な発想やアイデアが不可欠である。同質的で固定化されたチームは「厄介な問題」に対処するのは難しい。

「新しい現場力」で最も重要な要素のひとつが、**「多様性の確保」**である。

性別、年代、国籍、経験など多種多様な人材をミックスさせることが、「新しい現場力」には不可欠だ。

女性社員、若手社員、外国人社員、キャリア採用社員などが集まり、ひとつの問題に対して異なる視点、異なる発想で意見をぶつけ合いながら解決に導いていく。これこそが「新しい現場力」のダイナミズムだ。

しかし、**これまでの組織やチームに、多様性をたんに「加える」だけでは何の変化も起きない。**

現場は基本的には変化を嫌う。

安定性が求められる現場にとって、「異分子」が加わることは安定性を損なうリスクが高まる。だから、どうしても同質性、硬直性から脱することができない。

大事なのは、**多様性のある意見やアイデアに積極的に耳を傾け、前向きな衝突を生み出し、議論を「混ぜる」**ことである。

「混ぜる」ことによって、これまでの価値観が変容し、現場の異質に対する受容性は高まっていく。

事例④

「10〜20代にまかせる」ことで新業態を開発するドン・キホーテ[10]

時には、「混ぜる」のではなく、**思い切って「まかせる」ことも必要**だ。

これまでの経験則がまったく活かせない、逆に邪魔になると判断する場合は、経験に縛られない人たちに思い切り「まかせる」ことが得策だ。

古い価値観に縛られている人たちと混ぜると、新しくフレッシュな感性が死んでしまう。

たとえば、パン・パシフィック・インターナショナルホールディングスが運営する「ドン・キホーテ」では、若手社員に大きな権限を与え、新たな業態開発に取り組んでいる。

「ドン・キホーテ」では、10代後半から20代のZ世代と10代前半のα世代をターゲットとする「キラキラドンキ」を２０２２年から展開している。

この**新業態の店長やスタッフは、10代後半から20代**だ。

たんなる販売スタッフではなく、**仕入れ権限も付与され、売り場づくりもすべてまかされている。**

ＳＮＳに多大な影響を受け、時々刻々と超高速で変化し、買い物客の情報量も多い若者世代に対応するには、従来のＭＤ（マーチャンダイジング）や販促の発想では対応できない。

低迷する日本でも、新しい需要やビジネスチャンスは間違いなく生まれている。

問題は、そうした「新しいマーケット」や「新しいビジネスチャンス」に「古い現場力」で対応しようとしていることである。

「建設的対立」を楽しむ「新たな空気」を生み出す

もちろん、**ベテラン社員も重要な多様性の一部**だ。過去の経験則が活きるものについては、ベテランの知恵や経験を活かすことは、これからも大切だ。

大事なのは、**お互いをリスペクトし合う関係性の構築**である。

お互いの意見に耳を傾け、意見の違いを尊重し、時には衝突や対立を恐れず、議論ができることこそが「新しい現場力」だ。

「お前は若くて何も知らないのだから黙ってろ」は禁句である。

「何も知らない」ことは欠点でもなければ、マイナスでもない。むしろ、過去に縛られないという強みである。

「厄介な問題」に対処するプロセスにおいては、必ず**「建設的対立」**が生まれる。衝突を繰り返すことによってのみ、問題の本質に迫り、最適解に近づくことができる。

「正解」のない時代に前に進むには、本気で意見を戦わせ、**意見の違いや衝突を楽しむ「新たな空気」**を生み出す必要がある。

事例⑤ 「外国人社員の活躍」で急成長するマネーフォワード[11]

「脱・日本人本位」を掲げて成長する企業がある。会計や決済などの法人向けクラウドサービスなどを展開するマネーフォワードだ。

2023年11月期の売上高は約300億円で、2年で倍増している。

この成長を支えるのは、**外国人社員**だ。

2017年以降、外国人採用を本格化させ、現在、20カ国以上の約400人が所属する。グループ全体約2000人の**2割**、エンジニアに限ると**4割**を占める。

売り上げは日本のみで、**ビジネスとしては完全に国内特化**だ。にもかかわらず、**外国人社員が活躍**している。

たとえば、会計ソフトの開発部門では、約10人の中核チームは日本、中国、タイなど7カ国の人材で構成されている。職場の会話や会議資料はすべて英語である。

これまでの「日本人本位」から「脱・日本人本位」へと大きく舵を切っている。

会社の多国籍化を加速するには、**外国人社員、日本人社員双方に対する教育、サポートが不可欠**だ。

外国人社員には異文化を学ぶ「ＴＥＲＡＫＯＹＡ」という研修制度を実施している。希望する外国人社員が半年程度、日本人社員とペアを組んで、毎週日本語や日本文化を学ぶ。

一緒に買い物や食事にも出かけ、生活の困りごとのサポートも行っている。２０２０年から実施し、のべ３００人以上が参加している。

日本人社員に対しては、「会話重視」の英語研修カリキュラムを導入。また、業務時間のうち１日３時間まで英語を勉強できるルールを定めている。

なにより重要なのは、**多国籍の人材が力を発揮できる組織風土の醸成**だ。

「日本流」を押し付けるのではなく、お互いに多様性を尊重し、「違い」を活かすことができる組織へと脱皮しなければ、会社は成長を果たせない。

辻庸介社長は「日本人主体の組織では目指す成長に追いつかず、世界からタレントを集める」と語る。

いまでは世界から応募が増えている。今後は管理職登用も拡大させていく。

働き手不足を悲観的に捉えるのではなく、**人材の多国籍化、組織のグローバル化の絶好のチャンスと捉える**ことが大切である。

7

ポイント⑤

テクノロジーと共存し、「現場実装」する

現場にとってテクノロジーは、敵ではなく「強い味方」

２０１５年に発表された野村総合研究所とオックスフォード大学による共同研究レポートによると、**「ＡＩ（人工知能）の導入によって日本の労働人口の49％の仕事が10〜20年以内になくなる」**とされている。[12]

ＡＩに限らず、ＩＣＴテクノロジー、デジタルテクノロジーの進展は目覚ましい。そして、テクノロジーによってこれまで人間が行ってきた仕事や作業の多くが代替されるのは間違いない。

しかし、そうした状況を「仕事が奪われる」とネガティブに考えるのは賢い捉え方ではない。

もちろん、一部の職種については、その職種そのものが消えてなくなるということはあり得るだろう。仕事そのものがなくなるのだから、その人たちにとっては深刻だ。

しかし、企業経営において、とりわけ人手枯渇や人材流動性の高まりで苦しむ現場に

とって、テクノロジーはまさに「救世主」だ。

日本企業は長年、「生産性の低い非効率な国」と言われつづけてきた。

それが、人手枯渇といった切羽詰まった状況の到来によって、いっきに解消できる可能性が出てきた。

現場にとってテクノロジーは、敵ではなく「強い味方」なのである。

「新たなテクノロジー」を賢く使うことが現場力の強化につながる

実際、ＣｈａｔＧＰＴ（チャットＧＰＴ）の活用は徐々に広がりつつある。

２０２３年に東京女子大学の橋元良明教授とＮＴＴ社会情報研究所が共同で行った調査によると、「人間相手よりもＣｈａｔＧＰＴ相手のほうが自分の秘密を打ち明けやすい」と回答した人の割合は、「そう思う」「ややそう思う」あわせて4割を超えた。[13]

ＡＩが人間の「相談相手」として機能しはじめている。

私がアドバイザーを務めているあるスタートアップ企業では、顧客との商談の様子を画像で残し、それをテキスト化してＡＩに読み込ませ、データベース化している。

そして、各商談の進め方や内容、顧客とのコミュニケーションなどについてＡＩがスコアリング（評価）し、よかった点、改善点などを営業担当者にフィードバックするという使い方の検討を進めている。

ＡＩはすべての商談を記録するので、網羅性、客観性が高く、営業担当者にとって納得感の高いフィードバックが可能となる。

商談の実際のやりとりを知らない上司（人間）による評価やフィードバックよりもはるかに納得性は高く、的を射たアドバイスが可能だ。

もしこれが進めば、無能な人間の管理職はお払い箱となる。

現場力とテクノロジーの親和性はきわめて高い。

「新たなテクノロジー」を賢く使うことが現場力の強化につながるのは間違いがない。

「市民開発者」を育てる

テクノロジーを「現場実装」するための**最大の課題は、ＩＴ技術者の不足**である。日本のみならず、世界中の国々で深刻なＩＴ人材不足が起きている。

業務効率化や「新たなサービス」の創出などの可能性があっても、そうしたアイデアを具現化できるＩＴやデジタルの専門家がいないために、現場改革が進展しないのである。

そこで出てきたのが**「市民開発」という発想**である。

これは「非ＩＴ人材である業務従事者（市民）自らが、アプリケーションなどを開発し、業務改善や新たな価値の創出を進める」という考え方である。

これを可能にするのが、プログラミングの専門知識がなくても開発ができるローコードツール、ノーコードツールの登場である。

これにより、現場の業務従事者が**「市民開発者」**（Citizen Developer）として業務のデジタル化を推進したり、新たな顧客用アプリを開発することが可能となった。

米国では、すでに61％の企業が「市民開発」を活用し、すでに5億個以上のアプリが開発されていると言われている。

日本においても、**「現場力のデジタル武装化」**がいっきに始まろうとしているのである。

「デジタルからくり」による現場の進化

こうした新たな潮流を、トヨタ自動車の生産現場で長く勤務していた知り合いに話したところ、「それは**『デジタルからくり』**ですね」と指摘してくれた。

「からくり」とは、**生産現場における困りごとを、自分たちのアイデアで簡単な治具（からくり）をつくり、作業を楽にするための改善を進める手法**のことである。

「からくり」とは、糸やぜんまい、水力などの仕掛けで自動的に動く「からくり人形」がその語源である。

現場の作業者たち自らが知恵を出し合い、お金をかけずに「からくり」を手づくりし、問題を解決する。こうした地道な努力の積み重ねによって、現場のストレスが軽減されたり、ちょっとした非効率が解消されたりする。

まさに**「現場力の真髄」とも言える現場活動**である。

「市民開発者」によるデジタル化の推進は、デジタルを駆使して新しい「からくり」を内製化し、自分たちで業務改善を進めることにほかならない。

多くの日本企業はＤＸ（デジタルトランスフォーメーション）を標榜していても、実際にはなかなか進んでいないのが実情である。

「市民開発」というコンセプトは、現場力ときわめて相性がよい。

「市民開発者」を育て、テクノロジーを「現場実装」することが、「新しい現場力」を構築することにもつながる。

「市民開発」の４つの落とし穴を防ぐ

もちろん、「市民開発」を導入すれば「すべてバラ色」というわけではない。

そこにはいくつもの落とし穴が存在する。

その代表的なものは次の４つだ。

①品質管理が難しい

「市民開発者」のスキルや経験によってバラツキが出やすい。

②部分最適なシステムが乱立・放置される

現場まかせにすると、それぞれの現場が勝手につくり、類似のものが乱立したり、使われないまま放置されたりする。

③アップデートが必要

「市民開発」したシステムやアプリは一度つくっておしまいというわけにはいかず、環境や業務が変われば、アップデートが必要となる。

④現場に負荷がかかる

現場での内製化を進めようとすれば、当然現場の負荷は一時的には高まる。

こうした落とし穴があったとしても、「市民開発」を進めるメリットはきわめて大きい。これまで滞っていたＤＸを進めるだけでなく、現場が主体性、当事者意識を取り戻し、

自分たちで現場を変えられるという実感を得ることがなによりの収穫である。

事例⑥

テクノロジー活用で「新たなシェアードサービス」を推進するＫＤＤＩ

大手電気通信事業者であるＫＤＤＩは、『つなぐチカラ』を進化させ、誰もが思いを実現できる社会をつくる。」という「ＫＤＤＩ　ＶＩＳＩＯＮ２０３０」を掲げている。

その実現のための戦略のひとつが「**サテライトグロース戦略**」だ。これは5Gをセンターに置き、通信を核とした5つの注力領域（ＤＸ、金融、エネルギー、ＬＸ［Life Transformation］、地域共創）で事業を拡大していくダイナミックな戦略である（２０２４年の取材日時点）。

そして、それを実現するためのもうひとつの柱が、**コーポレートシェアードサービス機能の拡充をはじめとした経営基盤の強化**だ。

グループ内の国内外２００を超える事業会社が本業に専念できるよう、本業以外のノンコア機能・業務をシェアードサービスセンター（ＳＳＣ）に集約し、グループ全体の経営の最適化を目指している。

事業の多様化とグループ会社の増加が進む中、ガバナンスを強化しつつ、グループ会社のさまざまなニーズに応えていくことがＳＳＣのミッションである。

実際、コーポレートシェアード本部は目指す姿として「グループ会社から一番頼られ、問題をともに解決して喜ばれる存在」を掲げている。

そのためには、たんに労働集約的な業務を集めただけでは、大きな効果は得られない。

旧来からの紙とハンコ、属人的な仕事からの脱却を実現するためには、**「新たなテクノロジー」をフルに活用した「新たなシェアードサービス組織」を構築する必要**がある。

そして、技術的にもそれを実現する環境が整いつつある。

クラウドとＳａａＳ（Software as a Service）の進化によって、多様な技術を持つさまざまなＩＴ企業と柔軟に連携できるようになってきている。

ＳＳＣは経理、購買、人事といった専門領域におけるサービスに加えて、新設グループ会社に対する会社運営基盤の整備をサポートするシェアードサービスの提供を開始した。

新会社は各種規定類の整備やイントラネットの構築、メールアカウントの取得・設定など、こまごまとした面倒な実務をこなさなければならないが、それをフルクラウドパッケージで支援するものである。

このサービスによって、新会社はすぐに本業に専念することが可能となる。

また、ＳＳＣは**「市民開発」を推進する人材の育成**にも力を入れている。

業務に精通した人材にノーコード、ローコードの開発ツールを活用するスキルを習得してもらうための１泊２日の合宿を行い、「市民開発者」を育成している。

実際、そうした人材がそれぞれの職場に戻り、数多くの業務アプリを開発し、業務改革を進めている。きわめて短期間でＰｏＣ（試作品を通じた機敏な実証）が生まれ、これまでとはまったく異なるスピード感で業務改革が進んでいる。

さらにＳＳＣは、ＡＩ活用にも積極的に取り組んでいる。

生成系ＡＩを活用し、従業員からの問い合わせ業務をＡＩが自動回答する仕組みの構築を進めている。

これまでは、「誰に聞いたらいいかわからない」「たらい回しにされる」などの不満があったが、これによって従業員の不満は解消し、ＳＳＣ側の効率化にもつながる。

ＫＤＤＩはグループを挙げてＤＸ人材の育成に取り組んでいる。

２０２０年には「KDDI DX University」を設立し、ＤＸに特化したクオリティの高い研修を提供している。

これまでにグループ全体で約４０００人が受講している。中核を担うコア人材は、仕事から2カ月間外れ、研修に専念するプログラムも用意されている。

西田圭一本部長（当時）は「**向き不向きより前向き**」と自らの信念を語る。

これまでのシェアードサービスの概念の枠に収まらないＳＳＣの積極果敢な挑戦は、「いまはまだ存在していないものを生み出していきたい」というポジティブで前向きな姿勢から生まれている。

事例⑦

若手主導でデジタル業務改革を進める住友林業

住友林業では２０２１年から現場起点の組織風土改革を進めている。

同社の基幹事業である住宅事業本部では、「**三ツ星プロジェクト**」と呼ばれるボトムアップによる改善・改革運動を推進し、本部全体の活動へと広がりつつある。

全国62の支店がそれぞれ独自の「カラー」を打ち出し、ミシュラン三つ星レストランと同様の「三ツ星」（☆☆☆）を獲得できるような強みを構築することを目指し、命名された。

その中の柱のひとつが、**ＤＸ化の推進による業務改革**である。

たとえば、埼玉東支店では契約前の見積もり作業におけるＤＸ化が大きな成果を上げている。

以前は、営業担当者が事務所か住宅展示場でパソコンのエクセルファイルに情報を入力し、設計グループに依頼を行っていた。

「パソコンがないと入力できない」

「依頼内容が正しく記入できない」

「依頼日までに依頼書が来ない」

などの課題があり、営業、設計双方がストレスを抱えていた。

その状況をなんとか変えたいと声を上げたのが、**入社3年目の女性設計士**だった。

ＬＩＮＥ　ＷＯＲＫＳのテンプレート機能を活用すれば、もっと効率的かつ正確にやりとりができるはずと提案した。

テンプレートは三ツ星メンバーが作成し、記入方法も従来の入力形式から選択形式に変更した。

その効果は絶大だった。

スマホから入力できるので、外出先から依頼でき、現場の写真なども簡単に共有できる。また、正確な情報が共有できるので、抜け漏れがなくなり、営業と設計間の無駄なやりとりがなくなった。

その間、わずか3カ月。

若手社員の発案と実践により、長年の課題がいっきに解決した。

導入後のアンケートでは、7割の社員が「変更してよかった」と回答している。

東京中央支店でも、若手社員たちの発想・アイデアを活かしたデジタル業務改革が進行している。

最初に声を上げたのは、**入社1~2年目の社員たち**だった。

会議で大量の紙の資料が配布されたり、外出時に行き先ボードに記入したりする昔からの「習慣」を見て、「なんでこんなことやっているんですか?」と疑問を呈した。

そして、三ツ星メンバーが中心となり、LINE WORKSを活用した改革が始まった。

会議資料はペーパーレス化され、各人の行動予定はデジタル上で共有されるようになった。

また、お客さま別のグループトークを作成し、重要なイベント日程や仕様情報などが関係者間で共有されるようになり、連絡の手間やミスが大きく減少した。

さらには、支店独自の過去物件データベースを作成し、自分が担当する物件以外の情報が共有できるようになった。それにより、支店全体の動きがわかるようになり、個の経験やノウハウの共有が可能となった。

当初は、年配社員が抵抗感を示したが、そこでも若手社員が粘り強く動いた。支店内の各グループに若手のＩＴ担当を置き、ベテラン社員への指導やサポートを行っている。

「文字が小さくて読めない」という声には、「文字の拡大機能があるから大丈夫ですよ」と教えるなど、世代を超えた交流も増えた。若手社員からは「年長者が素直に聞いてやってくれるのが新鮮だった」という声も上がっている。

テクノロジーを賢く使うことによって、効率化が実現するだけでなく、社員同士の交流やコミュニケーションが増え、組織の一体感を高めることができる。

これこそが**真のＤＸの狙い**である。

第Ⅱ部

経営全体をアップデートし、「串団子」モデルを構築する

第5章

「串団子」で現場力を再生させる

1

「卓越した経営」に必要な4つの要素

経営のほかの要素と有機的に結合させる

第Ⅰ部では、現場力という組織能力がなぜ消滅してしまったのかを解明し、それを「新しい現場力」へと進化させる処方箋について議論してきた。

現場力とは、経営における実行を担う卓越した組織能力を構築することである。

実行を担っているのは現場である。それぞれの現場に内包されている組織能力を解放させ、高めていくことが必要不可欠である。

しかし、言うまでもなく、経営は現場や現場力だけで成り立っているわけではない。

現場力は経営の実行性を担保するために決定的に重要な要素であり、競争力に直結するが、現場力を高めること自体が経営の目的ではない。

現場力を高め、機能させるには、さまざまなほかの要素との整合性、一貫性を確保し、有機的に結合させなければならない。

つまり、**「新しい現場力」を構築するには、経営全体をアップデートする必要がある。**

ほかの要素とうまく結合できれば、現場力はさらに高まり、大きな競争力の柱となり得る。しかし、ほかの要素との結合がうまくいかなければ、現場力を高めることは至難である。

第Ⅱ部では、どうすれば経営全体をアップデートできるのかについて、具体的な企業事例（ケース）を交え、解明していきたい。

4つの要素とは「理念・ビジョン」「競争戦略」「現場力」「組織カルチャー」

「卓越した経営」を行ううえで必要な要素とは、次の４つである。

①理念・ビジョン

企業の「存在理由」を示す創業者の思いや目指すべき長期的な目標・ゴール。従業員が共感し、ワクワクするような創業の「原点」や未来志向のビジョンを打ち出す。

②競争戦略

熾烈な競争環境の中で、競争相手と差別化し、持続的優位性を構築するための戦略シナリオを策定する。

③現場力

競争戦略を実行し、ビジョンを実現するために必要な組織能力を構築し、アップデートしつづける。

④組織カルチャー

現場を含む組織全体が活性化し、従業員が自由闊達に発言し、主体的に行動するための組織風土、組織文化を形成する。

これら4つの要素は、いずれも卓越した企業となるためには欠かすことのできないものである。

それぞれの要素は存在するが、つながっていない

ほとんどの会社では、それぞれの要素の重要性は認識されているし、個々に検討され、それらしきものは存在する。

理念やビジョンは経営トップが自らの思いを語っているし、中期経営計画や事業戦略は

経営企画部が中心となり練られている。

現場力は各事業部中心に実行力を高めるための取り組みが行われ、組織カルチャーについても人事部などが中心となりその刷新が進められている。

それぞれの要素は存在するのに、なぜ卓越した企業になれないのか。

それは、**それぞれの要素がバラバラに存在し、孤立し、有機的なつながりが担保されていない**からである。

立派な理念やビジョンがあっても、それが従業員と共有され、共感を生み出し、従業員が熱を帯びて行動しなければ、ビジョンがないのと同じである。

一見合理的な競争戦略を描いても、現場力との整合性を欠き、実行性が担保されていなければ、真に合理的な戦略とは呼べない。

オープンで風通しのいい組織風土が形成されても、侃々諤々の議論や「建設的対立」を避けるような「仲良しクラブ」的なカルチャーでは意味がない。

なにより大事なのは、**４つの要素が統合され、有機的につながり、経営としての整合性、一貫性を担保する**ことである。

旭山動物園の坂東元園長から教えてもらった「串団子」モデル

4つの要素の整合性、一貫性をわかりやすく理解するために、「串団子」をイメージしてほしい。

「串団子」とは、いくつかの丸い団子が一本の串に刺された日本人にはなじみのある食べ物である。

「串団子」モデルという発想は、旭山動物園の坂東元《げん》園長（当時）から教えてもらった考え方だ。

坂東さんは、「行動展示」という革新的な発想で廃園寸前だった動物園を全国屈指の人気動物園に変えた立役者だ。坂東さんはこう教えてくれた[1]。

「うちは『串団子』なんです。団子ひとつずつを見れば、大きい、小さいといろいろある。大切なのは、それぞれの団子が一本の『軸』に刺さっていること。『軸』に刺さってさえいれば、大きい、小さいは個性であり、その個性を活かせばいい」

旭山動物園には「伝えるのは、命」という理念があり、それをとても大事にしている。

この理念ですべての飼育員が貫かれていなければならない。一本の「串」で貫かれてさえいれば、あとは個性を活かせばいい。

「串団子」という考え方が、私にはとても新鮮だった。

そして、それこそが旭山動物園の卓越した現場力を生み出していることに気づかせてもらった。

「串団子」を経営に当てはめてみる

旭山動物園の「串団子」モデルは、現場で働く従業員を理念・ビジョンという一本の「串」で貫くという発想だ。

この発想を経営に当てはめると、必要な4つの要素は次のように整理できる。

団子①＝競争戦略
団子②＝現場力
団子③＝組織カルチャー
一本の串＝理念・ビジョン

図表5-1　「串団子」モデル（再掲）

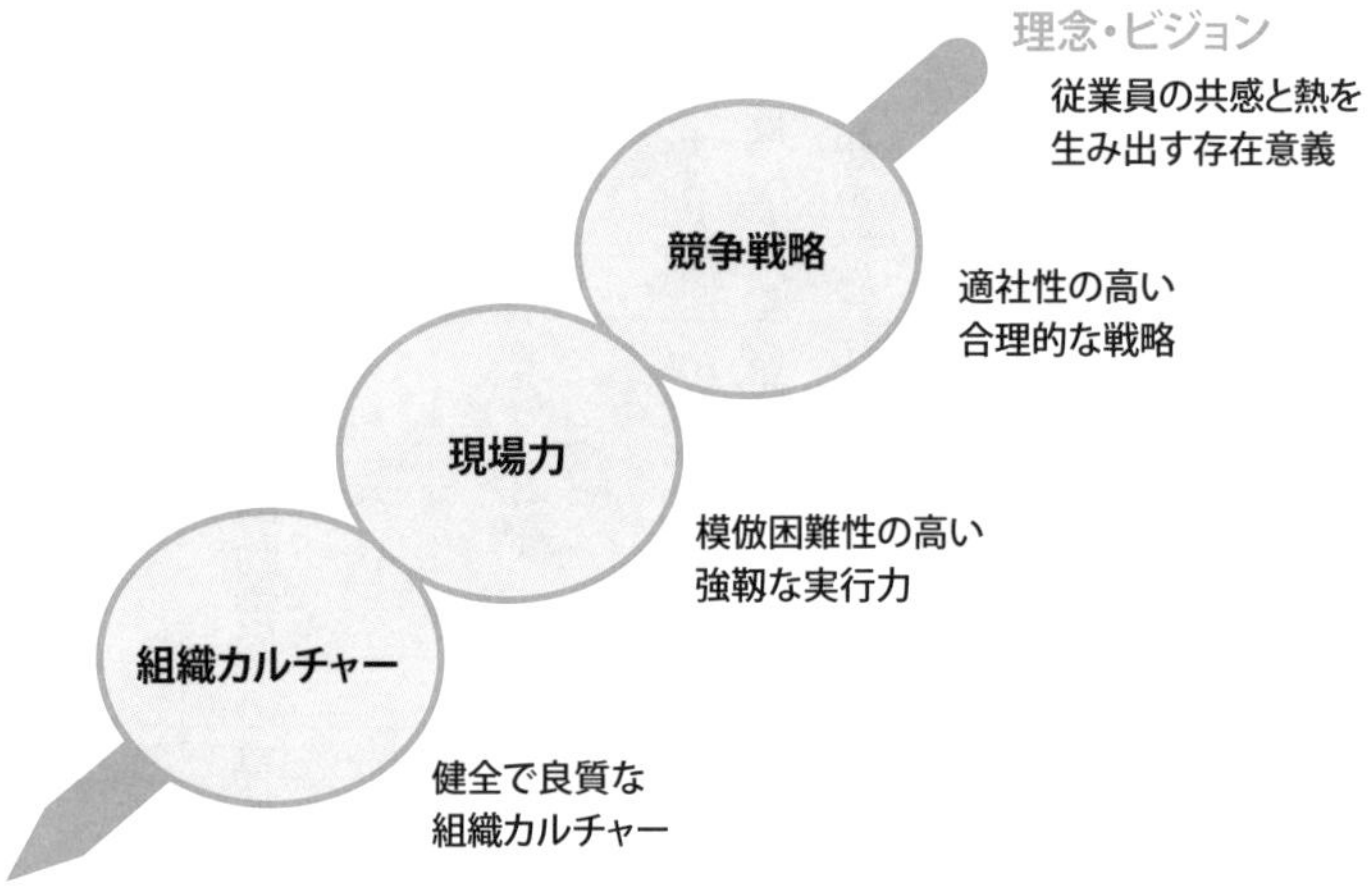

つまり、卓越した経営を行うためには、**「競争戦略」「現場力」「組織カルチャー」という「3つの団子」を理念・ビジョンという「一本の串」で刺し、ひとつの「串団子」としてまとめ上げなければならない**（図表5－1）。

競争戦略を実行するのが現場力であり、現場力と整合性のある競争戦略が組み立てられるべきである。

現場力を最大化し、発揮させるためには、健全で良質な組織カルチャーが醸成されなければならない。

そして、「3つの団子」を貫き、ひとつにまとめるために必要なのが、すべての従業員が共感し、主体的に貢献したいと願う理念・ビジョンの存在である。

「新しい現場力」を構築するには、現場

力だけを考えていても意味がない。

「理念・ビジョン」「競争戦略」「組織カルチャー」というほかの要素との関係性の中で、「新たな経営モデル」を検討する必要がある。

次節以降で、経営全体をアップデートし、日本企業が再生するための現場力以外の3つの条件、つまり「競争戦略（団子①）」「組織カルチャー（団子③）」、そして「理念・ビジョン（一本の串）」の要諦についてひとつずつ見ていこう。

2

復活のための条件❶

「戦略シフト」を断行する

競争戦略の要諦は「選択と集中」

経営は合理的でなければならない。自分たちの強み・弱み、競争環境における立ち位置を客観的、俯瞰的に捉え、「これなら勝てる」という合理的な戦略シナリオを描く必要がある。

その要諦はシンプルである。

それは「選択と集中」である。

「これなら勝てる」という事業を「選択」し、経営資源を「集中」させる。それにより、模倣困難性の高い「勝てる」事業を育てることができる。

どんな事業にも「寿命」がある。未来永劫続く事業など存在しない。

かつては「花形」だった事業も、時の移り変わりとともに衰退していく。過去の栄光にしがみついても、そこから未来は生まれてこない。

もちろん、事業によって「寿命」の長さはまちまちである。

自動車のように１００年以上続く事業もあれば、半導体のように目まぐるしい技術革新によって数年で入れ替わる事業もある。

厄介なのは、比較的「長寿」の事業である。

社会インフラを支えるような事業は、すぐになくなることはない。時に「神風」（特需）が吹いて、瞬間的に息を吹き返すこともある。

だから、どうしても「延命」しがちである。

事業領域をどれほど広げるかは、それぞれの会社ごとに異なる。

経営資源が潤沢で、余裕のある企業は、ある程度「戦う土俵」を広げることが可能だ。

一方、限られた経営資源しかない企業は、「戦う土俵」を絞り込まざるを得ない。「あれもこれも」と手を出していたのでは、持続的な競争優位を確立するのは困難である。

戦略とは「捨てる」こと

理屈はシンプルなはずなのに、多くの日本企業は思い切った「戦略シフト」ができていない。

「戦略と集中」を換言すれば、**「捨てる」**ことである。

「何をやるか」を決めるのではなく、「何はやらないのか」を決めなくてはならない。

「捨てる」事業を決めなければ、経営資源が捻出できない。勝てる見込みのない事業を抱えていても、企業価値を高めることはできない。

「戦略シフト」とは**「リソースシフト」**のことである。**大胆に資源配分（人・モノ・金）を変えることこそが「戦略シフト」**である。

資源配分の基本は**「傾斜資源配分」**である。

どの事業に「傾斜」させるのか。そこに「経営の意志」があらわれる。

日本企業の多くは、中期経営計画の中で「選択と集中」や「戦略シフト」を打ち出していても、大胆な「リソースシフト」を行ってこなかった。それでは事業の入れ替えが進むはずもない。

成長しない事業、儲かる見込みのない事業を放置することは、現場の士気の低下につながる。

低収益で喘いでいるのに、投資もしない、てこ入れもしないで、現場に白兵戦を強いる。

そこに経営の意志や合理性はまったくない。

「フィナンシャル・インベスター」としての投資判断が不可欠

２００９年３月期に７８７３億円もの最終赤字を計上した日立製作所は、思い切った構造改革を断行し、復活を遂げた。

その過程では、日立金属、日立化成、日立電線（２０１３年に日立金属と合併）という「御三家」と呼ばれた中核子会社を切り離し、衝撃を与えた。

また、日立国際電気、クラリオンなどの知名度の高い子会社も相次いで売却を決断した。

そこには、デジタルを軸とする社会インフラ企業へと生まれ変わるのだという経営の強い意志がある。

デジタルや環境事業という新たな成長を目指すには、祖業やかつての中核事業であっても、切り離す。そして、それによって得た資金を、新たな成長分野に投下している。

実際、２０２０年にスイスの重電大手・ＡＢＢの送配電事業を買収し、２０２１年にはソフトに強い米国のグローバルロジックなどを買収している。

こうした思い切った「戦略シフト」が奏功し、送配電や鉄道といった環境インフラ事業の受注残は８兆５０００億円（２０２３年９月末）と、前期末に比べ23％増えている。[2]

ソニーグループもダイナミックな事業の入れ替えで、業績は急速に回復している。祖業の電機を大胆に縮小する一方で、音楽などのエンターテインメント系事業に軸足を移したことが大きな要因だ。

これまでの日本企業は**「インダストリアル・インベスター」**、つまり**事業投資家目線での投資判断を行う**のが常であった。

事業部門が事業投資家目線を持ち、投資判断を行うのは当たり前のことだ。そこには事業への愛着もあるだろう。

しかし、全体最適を目指さなければならない本社（コーポレート）が、事業部門と同じ判断基準で事業ポートフォリオを考えていたのでは、戦略シフトは進まない。

いま本社（コーポレート）に求められているのは、**「フィナンシャル・インベスター」**、つまり**財務投資家目線で客観的、冷徹に事業の可能性、要否を判断し、事業の入れ替えを推進する**ことである。

それにより、全社の事業ポートフォリオの適正化が行われるだけでなく、日本の各業界における合従連衡が進み、より強い企業が生まれる可能性は高まる。

実際、日立グループが分離した日立化成は、昭和電工が約1兆円で買収し、経営統合を進め、新会社「レゾナック」へと生まれ変わった。
今後は、半導体材料を中核とする機能生化学メーカーへの変革を目指すと表明している。

「適社性」こそ最も重要な判断軸

事業ポートフォリオの管理をするには、さまざまな観点から各事業の評価を行う必要がある。

市場性、成長性、収益性、競合などさまざまな観点から吟味し、「勝てる事業」を選択しなければならない。

その中で最も重要な要素が**「適社性」**である。

「適社性」とは、**選択する事業が自社の持つ組織能力（現場力）や組織カルチャー、さらには経営理念やビジョンとの「親和性」「フィット感」があるかどうかを見極める**ことである。

それぞれの会社には、それぞれの会社の個性、持ち味（ユニークネス）がある。そうした個性や持ち味を活かし得る事業を選択しなければ、成功は覚束ない。

一方で、それぞれの事業には固有の事業特性がある。

たとえば、エレクトロニクス分野であっても社会インフラを担うような事業は、比較的スピード感は緩やかだが、じっくりと丁寧につくり込むことが求められる。

逆に、半導体などは変化が目まぐるしく、スピード感のある意思決定、実行ができなければ、変化についていくことは難しい。

かつての日本の大手電機メーカーが半導体事業で苦境に陥ったのは、卓越した技術は持っていたが、そのスピード感についていけなかったのがひとつの要因である。

つまり、事業特性と組織能力、組織カルチャーの「親和性」が低く、「適社性」が担保されていなかったのである。

もちろん、「親和性」が低いから新たな事業にチャレンジするべきではないという話ではない。自社の組織能力や組織カルチャーに縛られてしまっては、成長、発展の芽を摘んでしまう。

大事なのは、**市場性や成長性といった「外的要素」だけで事業を選択するのではなく、組織能力や組織カルチャーといった「内的要素」を常に勘案する**ことである。

「適社性」が高く、「親和性」が担保されていればいるほど、成功確率は高まるのである。

3

復活のための条件②

組織カルチャーを刷新する

「LOFT」なカルチャーを形成する

日本企業が「新しい現場力」を生み出し、経営モデルをアップデートするには、組織カルチャーの刷新が必須条件である。

とりわけ、若い世代は「カルチャーで会社を選ぶ」傾向が強い。

若手やミドルがのびのびと力を発揮できるような「働く環境」を整えなければ、有能でやる気のある人材を確保し、働きつづけてもらうことはできない。

しかし、この**カルチャーの刷新が一番難しく、時間がかかる。**

組織カルチャーを刷新する第一歩は、**「あるべき組織カルチャー」を定義し、組織全体で共有する**ことである。

組織カルチャーは目に見えない感覚的なものである。感じ方も人によって異なる。

だからこそ、「どのようなカルチャーに変革したいのか」をみんなで議論し、言語化し、現実を直視し、日常の行動をひとつずつ変えていかなければならない。

図表5-2　「LOFT」の4つの要素

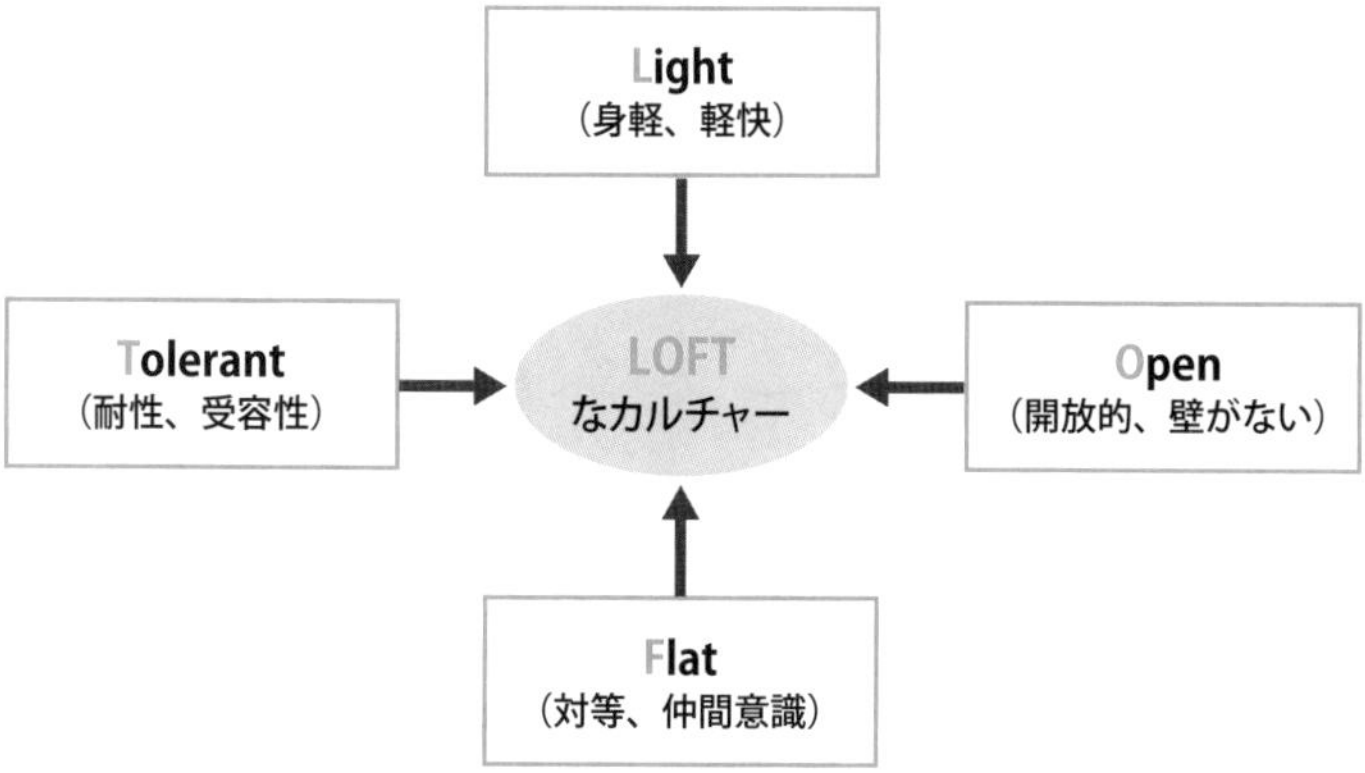

私は日本企業が目指すべき新たな組織カルチャーとして**「LOFT」**を提唱している。[3] それは次のようなものである（図表5-2）。

★Light——身軽ですばやく主体的に挑戦するカルチャー

★Open——開放的で、お互いに助け合い、協力し合うカルチャー

★Flat——関係性がフラットで、仲間に感謝し、称賛し合うカルチャー

★Tolerant——耐性、受容性、復元力が高く、粘り強く実行するカルチャー

組織カルチャーとは**組織の「土壌」**であり、**「土台」**である。

世界のエクセレントカンパニーは組織カルチャーの重要性を経営者自らが認識し、社内に訴

えかけ、自ら実践することで、健全で良質な組織の「土壌」を育んできた。

思い切り力を発揮し、自己実現できる環境を整えてきたからこそ、世界中から優秀な人材が集まり、新たな価値を生み出すことができている。

そして、従業員がのびのびと働ける環境づくりに投資を惜しまず、お金をかけてきた。

これまでの日本企業は、「人材に投資する」とは言ってきたが、「カルチャーに投資する」とは言ってこなかった。

しかし、**人材と組織カルチャーは「ワンセット」で考えるべきもの**である。健全で良質な組織カルチャーがあってこそ、人材はいきいきと働けるのである。

サントリーホールディングスは２０２２年3月に、それまでの「ヒューマンリソース本部」という名称を「ピープル&カルチャー本部」へと変更した。

これは、たんなる名称変更ではない。

人と組織・風土改革を一体のものとして捉え、継続的な成長を実現できる人づくり、組織づくりを推進するという経営の意志のあらわれである。

すべては「マネジメント層の意識改革と行動変容」から始まる

「ＬＯＦＴ」なカルチャーを形成するには、**まず役員や部長などマネジメント層の意識**

変革、行動変容が不可欠である。

トップ自らが変わらなければ、組織カルチャーを変えることはできない。体系的なマネジメント研修を導入し、心理的安全性やコーチングに関する知識や「1on1」（1対1の個人面談）のスキルなどを学び、自己流のマネジメントから脱却しなければ、古い組織カルチャーはなくならない。

意識や行動を変えられないマネジメント層は「退場」させることも必要だ。

じつは、これまでの日本企業はストロングタイプの強面の役員や管理職を抜擢、登用しがちだった。業績面で成果を上げ、一見頼もしいリーダーのように見えるからである。しかし、現実を見れば、そうしたストロングタイプが率いる組織の風土は著しく傷んでいるケースが多い。上意下達で、誰もものが言えない風土が形成されてしまったのだ。

人事は経営の最大のメッセージである。

どのような人が評価され、昇進するのか。そこに、その会社のカルチャーがあらわれている。

「現場からの風土改革」を仕掛ける
——カルチャーの刷新こそ「新しい現場力」の第一歩

「上からの変革」が起きなければ、組織カルチャーの刷新は実現しない。

しかし、「上」だけが変わろうとしても、「新しい現場力」は生まれない。なにより大事なのは、現場自らが働く環境を能動的に変えていくことである。

これを私は**「現場からのカルチャー変革」**と呼んでいる。

健全で良質な組織風土は、誰かが与えてくれるものではない。

「自分たちで変えることができるのだ」ということを信じ、実践する従業員を育て、増やしていくことこそが、カルチャー変革の本丸である。

つまり、**カルチャーの刷新こそ「新しい現場力」の第一歩**なのである。

組織風土改革に「マジック」は存在しない。日常の中での小さなことを大切にし、それを実践する従業員を粘り強く増やしていくことが肝要である。

たとえば、「挨拶を励行する」「こまめに声をかける」「困っている人がいたら助ける」「何かをしてもらったら感謝を伝える」「がんばっている人がいたら褒める」など、小さな行動の積み重ねこそが良質な組織風土をつくり上げていく。

組織カルチャーとは組織の「土壌」である。

健全な「土壌」は、毎日、みんなで土を耕し、石ころを拾い、水を撒くことによって手に入れることができる。

それをすべての従業員が自覚し、小さなことを実践することが大切である。

もちろん、なかには否定的な人もいるだろう。

しかし、組織の過半の人たちが、自分たちが働く環境をよりよくすることの重要性を認識し、行動すれば、否定的な人たちもやがて変わっていく。

カルチャー変革とは、**従業員の「主体性」を回復させていく取り組み**にほかならない。

事例⑧

自ら手を挙げる組織風土を推進する丸井グループ(4)

「新しい現場力」を支えるために最も重要な柱が「主体性の発揮」である。

現場力の源は、現場自らが当事者として自発的に考え、行動するという「主体性」にある。

しかし、多くの日本企業の現場は、この「主体性」を失ってしまった。

上からの指示や命令がなければ動かない「指示待ち」の現場のままでは、「新しい現場力」など生まれるはずもない。

こうした風土改革に先駆的に取り組んでいるのが丸井グループである。

丸井グループは「お客さまのお役に立つために進化し続ける」「人の成長＝企業の成長」という経営理念（PHILOSOPHY）を掲げている。

そして、それを実現するための重要な施策のひとつとして、「**自ら手を挙げる組織風土**」を掲げている。

同社は「自律的な組織は社員の自主性によりつくられる」と考えており、社員自らの意志で挑戦する自主性を促す「手挙げ」を推奨している。

たとえば、全社員が積極的に参加できるグループ横断の会議やプロジェクトが多数用意され、参加者が公募される。

2023年3月期は、4359人の社員が参加意思を表明した。この数はグループ全社員の約91％にのぼる。

その中のひとつである「中期経営推進会議」は、丸井グループの今後の経営のあり方を、3～5年という中期視点のテーマで考える場である。

当初は参加対象者をグループ幹部に限定していたが、2016年からは自ら手を挙げ、参加意思を示したグループ社員へと拡大し、ほぼ毎月開催している。

毎回１０００人前後が応募し、選抜されたメンバーが会場とオンラインで積極的に対話を行っている。

丸井グループの取り組みは、「オープンでフラットなカルチャーとはどのようなものか」という問いかけに対するひとつの答えを示している。

4

復活のための条件❸

「共感」を生み出す理念・ビジョンの浸透

理念・ビジョンなど「経営の思い」は形骸化し、「ないに等しい」状態に

ほとんどの企業には、企業理念や長期ビジョンなどその企業が目指している長期的な目標が設定されている。

企業理念は「なぜその企業が存在しているのか」という「存在理由」や「何を目的として経営を行うのか」などの「原点」を明文化したものである。

長期ビジョンは企業理念の下、10年程度の時間軸の中で目指すべき姿や方向性を示すものである。

ほかにも、「ミッション」や「パーパス」など類似の言葉は存在する。

詳しく見れば、それらの定義や位置付け、内容は少しずつ異なるが、いずれも**会社が誕生した「原点」や目指すべき「未来の姿」を示す「経営の思い」**であることは変わらない。

「原点」や「未来の姿」は、従業員にとってその会社でがんばる原動力となるべきものである。そこから「ワクワク」や「いきいき」は生まれてくるはずである。

しかし、多くの企業では**理念やビジョンといった「経営の思い」は形骸化し、「ないに等しい」状態**になっている。

企業理念は会議室の壁に飾られているが、誰も見向きもせず、埃をかぶっている。ビジョンは「昇進のための面接のときくらいしか読んだことがない」という位置付けになってしまっている。

理念やビジョンがなくても、企業は売り上げや利益を上げることはできるし、成長もできるだろう。

しかし、理念やビジョンという**「大義・大志」が組織内に浸透していなければ、エクセレントな存在になることはできない。**

理念・ビジョンは従業員の「熱源」である

理念やビジョンは、さまざまなステークホルダーにとって重要なものである。「社会の公器」である企業がどのような「思い」で運営しているのかを知ることは、株主や取引先、コミュニティにとって必要である。

とりわけ、従業員にとって理念やビジョンは**自分がその会社で働く意味を与え、「熱源」**となるものである。**経営者は不適切な「圧」ではなく、「熱」を伝えなければならない。**

理念やビジョンを実現するために、自分がどのような貢献ができるのかを考え、自らの役割を認識した従業員は企業にとって「宝」である。

そのためには、理念やビジョンを「共有」するだけでは不十分である。

経営者自らが理念やビジョンを繰り返し熱く語り、従業員の心に響かせなければならない。**大義の浸透・実践が唯一無二の組織をつくる。**

理念やビジョンに対する経営者の「共感」が、「共感の連鎖」を生み出す。そして、「共感」した従業員は主体性を発揮し、価値創造に向かって動き出す。

理念やビジョンは「お飾り」ではない。従業員の内発的動機に働きかける「熱源」なのである。

ミッションへの「共感」がユニクロの成長の源泉

ユニクロなどを展開するファーストリテイリング（ＦＲ）グループは、次のようなミッションを掲げている。

- 本当に良い服、今までにない新しい価値を持つ服を創造し、世界中のあらゆる人々に、良い服を着る喜び、幸せ、満足を提供します
- 独自の企業活動を通じて人々の暮らしの充実に貢献し、社会との調和ある発展を目指します

「本当に良い服」というシンプルだが、奥深い言葉が、ＦＲグループの企業命題であり、その実現のために役員、従業員、取引先が日々懸命に奮闘する。

ＦＲグループに勤めていたことがある友人は、こう教えてくれた。

「ファッションにはあまり興味はなかったが、いつの間にか『本当に良い服』とは何かを考えるようになった。それほどみんな真剣に『本当に良い服』を考えつづけている」

なぜ、ＦＲグループがダイナミックな成長を遂げることができるのか。

それは、会社全体がひとつのミッションに向かって動いているからにほかならない。

誰よりも途上国の可能性を信じるマザーハウスの強さ

理念やビジョンへの共感はスタートアップや中小企業ではより重要である。

私はマザーハウスという会社の社外取締役を務めている。創業者の山口絵理子さんとは創業以来の付き合いだ。

彼女は学生時代の自らのバングラデシュでの経験をもとに、２００６年に「途上国から世界に通用するブランドをつくる」を理念として掲げ、この会社を立ち上げた。

いまでは、バングラデシュに加えネパール、スリランカ、インドネシア、インド、ミャンマーという6カ国で地元の素材を活かしたバッグ、ジュエリー、服飾などの事業を立ち上げ、日本、台湾、シンガポールで40を超える自社店舗を展開している。

優秀な学生だけでなく、世に言う一流企業を辞めて転職してくる人たちも、後を絶たない。

私は、**働く人たちがこれほど会社の理念に共感を示し、その実現に向けて奮闘する会社**

をほかには知らない。

その理由はいったい何なのか。

それは、山口さん自身が誰よりも途上国の可能性を信じ、ぶれることなく、そして立ち止まることなく理念の実現に向けて走り回っているからだ。

おそらく彼女には「理念」なんて概念は頭にないだろう。**ただ、自分の信じていることをなんとか形にしたい**。ただそれだけなのだと私は思う。

だから、強いのだ。だから、人は共感するのだ。

いくら立派な理念を掲げたところで、それ自体に価値はない。

その実現に向けて、**経営者自身が本気で汗をかき、もがき苦しみ、そしてそこから生まれる小さな成功を仲間たちと分かち合い、喜び合う**。

そうした姿勢や行動こそが、真の「熱源」なのだ。

経営者は数字を語るな。「大義・大志」を語れ

「失われた30年」の間に、日本企業は経営の「芯」を失ってしまったように私は感じる。

目まぐるしく変化する環境についていき、デマンディングな株主の要求に応えることだけに手一杯で、自らの「原点」や「未来」を語ることを忘れてしまった。

ある大手企業の経営者は私に、こう教えてくれた。

「企業価値や株価がどうだとか、ＲＯＥやＲＯＩＣが上がった、下がったと気にしすぎた。そんなものはＣＦＯ（最高財務責任者）が話せばいい。これからは私は、うちの会社の原点や未来を語ることにする」

経営において数字は大事だが、**いくら数字を語ったところで、従業員の心には刺さらない。**

自らの言葉で熱く「大義・大志」を語りつづける。

それこそが、日本企業復活の最大の条件である。

第6章

「串団子」モデルの実践
――2つのケースから学ぶ

1

現場力を軸に経営モデルをアップデートする2社の成功事例

2社の経営モデルを解明する

本章では、現場力を経営の軸に据えながら、「理念・ビジョン」「競争戦略」「組織カルチャー」というほかの要素との整合性、一貫性を担保し、たくましく成長、発展している2社の経営モデルを解明していきたい。

取り上げる企業の概要は次のとおりである。

いずれも私が10年以上にわたりお付き合いをしてきて、その**経営の進化を見てきた企業**である。

ケース❶　**日本電子**[1]

電子顕微鏡、核磁気共鳴装置などハイエンドの理科学計測機器・医用機器・半導体関連機器の世界的メーカー。

売上高１７４３億円、営業利益２７５億円（いずれも２０２２年度）。東証プライム上場。

世界最高レベルの電子顕微鏡などを開発・生産し、世界の科学技術を支えるニッチトップ企業。

科学技術者などの間では「ＪＥＯＬ」（Japan Electron Optics Laboratory Co.,Ltd）の愛称で知られ、**「ＪＥＯＬの製品がなければ、ノーベル賞はとれない」**と言われるほど、世界中のトップサイエンティストからの信頼を勝ち得ている。

ちなみに、電子顕微鏡は一般的にイメージする光学顕微鏡とは異なる製品だ。さまざまな物質を分子や原子レベルで見ることができる巨大かつ精密な装置である。価格は一台数億円、納期も1年くらいはかかる。

日本電子は終戦からわずか4年の１９４９年、元将校だった風戸健二が「科学技術の発展なくして戦後日本の復興はない」との思いから創業した会社だ。

風戸の志に共感した若い技術者10人が集い、旧飛行場の廃品鉄材などありあわせの材料を最大限に利用して、電子顕微鏡第一号機「ＤＡ－１」を完成させた。

ケース2　ドリーム・アーツ(2)

大企業向けに自社開発したアプリケーションソフトウェアをＳａａＳ（Software as a Service）の形態で提供するクラウド事業などを中心に成長するＩＴ企業。

売上高約44億円（２０２３年度）。売上高成長率21・０％（２０２２〜２０２３年）。営

業利益５・７億円。営業利益率13%。２０２３年10月に東証グロース市場に上場。

金融、サービス、製造、流通、放送、政府・自治体など、従業員１０００人以上の大企業を対象に、ＤＸ・デジタル化推進の支援を行っている。

１９９６年設立。自社開発パッケージソフトウェアをもとにした独立系ソフトウェアベンダーとして事業展開していたが、２０１８年以降、クラウド事業への戦略シフトを推進。ストックビジネスの比率を大幅に高めている。

両社とも苦境・低迷から脱し、成長・発展している

一見すると、両社はまったく共通点のない会社のように見える。かたや歴史あるモノづくり企業、そしてもう一方は時代の寵児とも言うべきＩＴ企業。

しかし、そこには**2つの共通点**がある。

ひとつめは、両社とも順風満帆の経営を続けてきたわけではなく、**苦境、低迷から脱し、新たな経営モデルへの進化を成功**させていることである。

そして2つめは、ともに**現場力を経営の軸に据え、現場を大切にし、組織力、実行力を高めることに尽力**している点である。

日本電子は「Made in Japan」にこだわり、ほぼ１００%日本で生産している。海外売

上比率は70％を超える。

ドリーム・アーツはソフトウェアの自社開発にこだわり、「協創力」という独自の現場力を磨いている。

実行を担う現場力を経営の軸に据えながら、理念・ビジョン、競争戦略、組織カルチャーというほかの要素との結合をどのように実現するのか。

具体的なケースを紐解きながら、考察していこう。

2

ケース①　日本電子の経営モデル変革を解明する

日本電子のこれまでの歴史を振り返る

日本電子には70年を超える歴史があるが、それは次のような3つの「期」に分けることができる。

第Ⅰ期　創業→事業拡大→経営危機

創業者である風戸健二の強い思いからスタートした日本電子は、さまざまな分析機器の開発に取り組んだ。いずれも先見性の高い製品だったが、体力以上に戦線を拡大しすぎた。

その多くは市場がまだ成熟しておらず、試作品はできても、事業化するには時期尚早であり、事業化するノウハウや企業体力が不足していた。

「技術者のロマンに走りすぎた」日本電子は経営危機に陥った。

第Ⅱ期　再建、長期低収益期

経営再建のため、日本電子は多くの製品から撤退し、事業の絞り込みを行った。それが透過型電子顕微鏡の成功に結びついた（写真6−1）。

しかし、売り上げは徐々に伸びていったが、利益率は上がらず、長期間、低収益で苦しんだ。

当時、社内には2つの大きな問題点があった。

ひとつめは**「ヒエラルキー構造」**だ。

技術者が一番偉く、その中でも開発が一番、次に設計、その後に製造、営業、サービスという序列が形成された。技術者の独善が強く、営業やサービスなどの声に耳を傾けることはなかった。

写真6-1　透過型電子顕微鏡

1号機

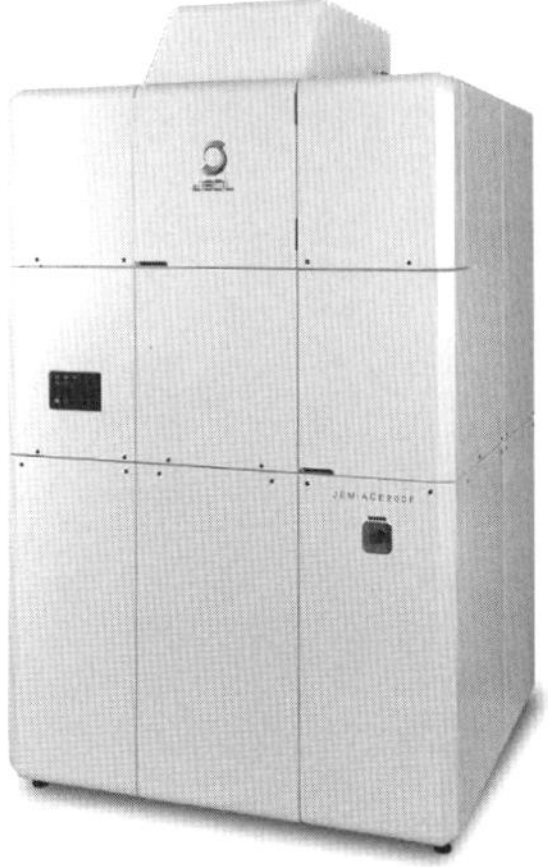

最新機種

２つめの問題点は、**内部組織の「対立の構図」**である。

組織の縦系列が強く、事業部間、技術とサービス、海外と国内、関東と関西などに溝ができ、交流もほとんどなかった。

「ほかの部門の人と話をするだけで怒られた」という逸話が残るくらい、組織のサイロ化が進み、総合力など発揮できる状況ではなかった。

第Ⅲ期　経営構造改革期

苦境に喘いでいた２００８年に第７代社長に就任したのが、栗原権右衛門氏（現会長、以下敬称略）だ。技術者重視の同社において、文科系、営業出身の異色の社長の登場だ。

就任直後の決算で、売上高８３９億円に

対し、27億円もの経常赤字を出すという厳しい船出だった。

当時の状況を、栗原はこう表現する。

「バッターボックスに入ったとたんに、バットを振る間もなく三振を言い渡された気分だった」

しかし、栗原はひるまなかった。矢継ぎ早に構造改革を断行していった。

そのベースにあるのは**「強みを伸ばし、弱みを克服する」**だ。

日本電子の競争力の源泉は、圧倒的な技術力、現場力の高さだ。それらにさらに磨きをかけ、そうした強みが活きる事業分野へ広げていった。

一方、縦割りの弊害を克服するための「見える化」の徹底、小規模な事業ユニットへと分割するユニット制の導入、関係会社の統合、不採算事業からの撤退、そして北京工場の閉鎖など、日本電子が抱えていた弱点に躊躇なく切り込んでいった。

そうした連続的な施策は奏功し、業績は右肩上がりで上昇。

２０２３年度は**3年連続で過去最高益を更新**した（図表6−1）。

図表6-1　日本電子売上高＆営業利益推移

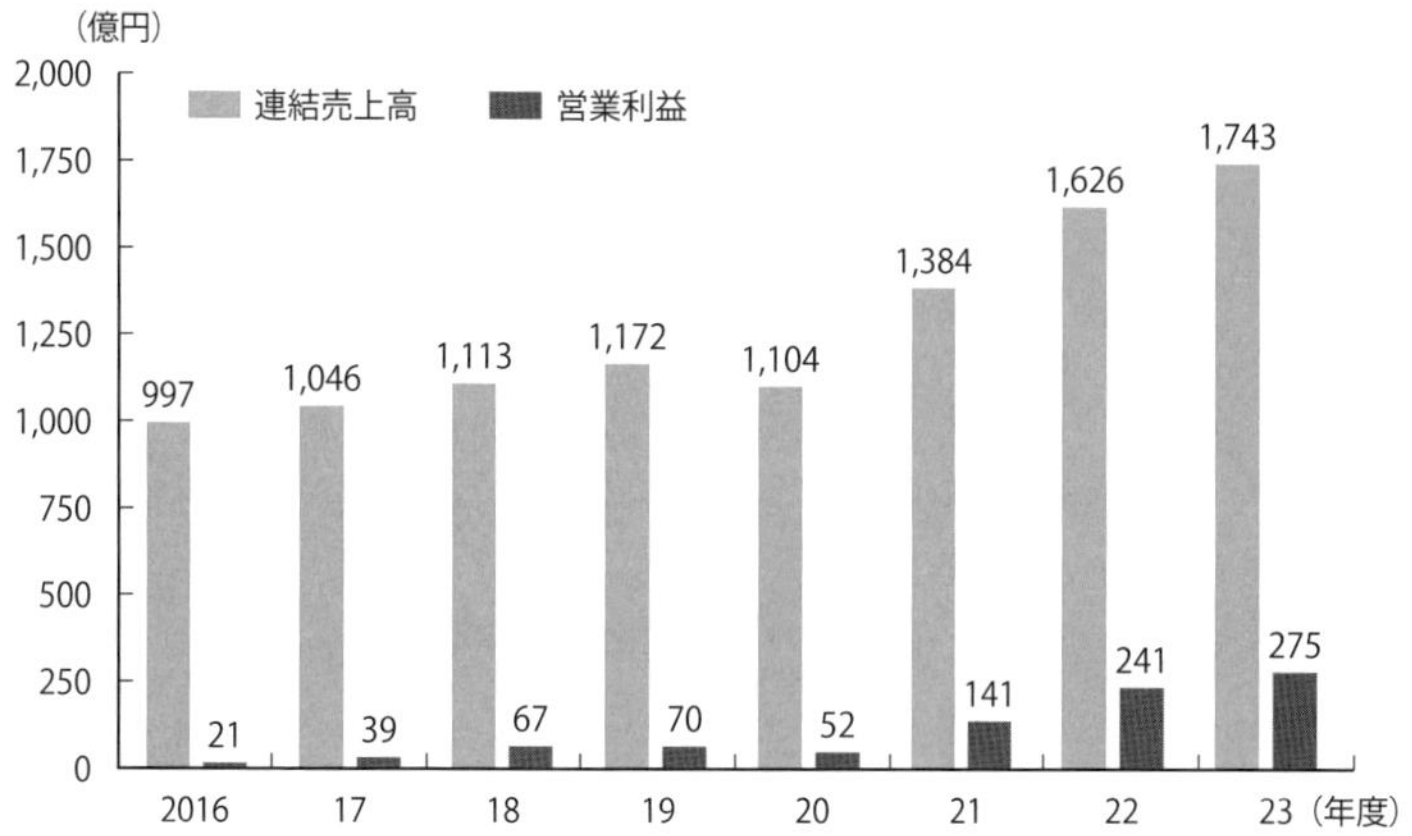

日本電子の現場力を支える2つのポイント

日本電子の成長を支える現場力は、次の2つのポイントに集約される。

ポイント1　圧倒的なコア技術力と擦り合わせ力

日本電子は「創造と開発」の理念の下、電子顕微鏡の開発を起源として世界初、世界最高技術にこだわってきた。

たとえば、同社の電子ビーム技術は、さまざまな分野で応用の可能性のある技術と言える。

技術力の高さは、アカデミックの世界でも実証済みだ。

主要な学術誌に掲載された科学論文の数に基づいてランク付けする「Nature Index」の日本企業部門ランキングでは、毎年上位にランクインしている（２０２３年は14位）。

ハイエンド製品メーカーである日本電子にとって、モノづくりにおける擦り合わせ力も重要な現場力の柱である。

製品の心臓部である検出器のコイル部分などはきわめて微妙な調整が不可欠である。高い技術に加え、卓越したモノづくりの技能があってこそ、他社の追随を許さない品質・性能が生まれる。

さらに、製品を組み立てたあとに求められている性能を出すための調整や完成した製品を顧客のサイトで設置する現場力にも微妙なさじ加減が求められる。

栗原は現場力の重要性について、次のように語っている。

「差別化ではダメだ。すぐに他社に追いつかれる。私たちが目指しているのは高い参入障壁の構築だ」

圧倒的な技術力と擦り合わせ力のコンビネーションが、日本電子の模倣困難性を支えている。

もちろん、日本電子にとっても標準化、共通化、ユニット化によるコストダウンは必要だ。安くつくるための外注化も必要に応じて進めている。

しかし、自分たちのコアの部分は、徹底的に内製化にこだわる。

日本電子の社内では、**「『中』は擦り合わせ。『外』は組み合わせ」**と表現される。

以前は「中」も「外」も内製化、擦り合わせにこだわってきた。しかし、それではコスト競争力は高まらない。

安くていいものがあれば、外の製品を使うこともいとわない。

自分たちの強み、コアを見極め、こだわるものとこだわらないものを明確にすることこそが、真の競争力につながる。

ポイント❷　グローバルをカバーする販売力・サービス力と顧客資産

日本電子は設立当初から、自前で海外のエンドユーザーに直接販売や直接サービスを行ってきた。

それは当時のハイエンド計測機器の主力市場は欧米であり、しかも技術難易度の高い製品なので、商社や代理店に頼ることは得策ではなかったからだ。

しかし、それが結果として日本電子のフロントエンド現場力を磨くことにつながった。

エンドユーザーの多くは、トップサイエンティストである。

そうしたプロたちと臆せずに話せる営業マンやサービスマンの存在が「ＪＥＯＬ」ブラ

ンドの構築に大きな力を発揮している。

海外の営業マンの中にはＰｈ．Ｄ．（博士号）を持っている者もいるという。

ハイエンド機器を売り、サービスを提供するグローバルネットワークは間違いなく日本電子の強みとなっている。

そうした努力の積み重ねで生まれた顧客資産は、日本電子の競争力の源泉であり、宝である。ノーベル賞を受賞した世界中のトップサイエンティストが日本電子のユーザーであり、日本電子を頼りにしている。

そして、そうした世界中のトップサイエンティストたちと一緒に仕事ができることが、現場の大きなやりがいや喜びにつながっている。

「世界の科学技術を支えるニッチトップ戦略」

創業者の風戸健二は高い志を掲げ、日本電子を立ち上げた。しかし、経営としての戦略性、ビジネスとしての経済合理性は低かった。

現在の日本電子の競争戦略は明確だ。

それは**「世界の科学技術を支えるニッチトップ戦略」**である。

理科学・計測機器市場の中でも、汎用的なセグメントは狙わずに、**ハイエンドの高付加**

価値セグメントに特化している。

平均単価は比較的高いが、台数がそれほど出るわけではないので、市場規模としてはそれほど大きいわけではない。

しかし、そのセグメントで戦える企業は世界でも限られている。技術的ハードルが高いので、新規参入者もほとんどない。

つまり、市場規模は小さくても、寡占状態をつくり出せば、十分に利益を確保することは可能だ。

栗原は**「市場規模は小さいが、価値の総量は大きい」**と表現する。

日本電子は理科学・計測機器事業、産業機器事業、医用機器事業の3つの事業セグメントでビジネスを展開している。コア技術を活かし得る新たな分野を常に模索している。最近では、半導体産業向けのマルチビーム描画装置が急拡大し、きわめて高い利益率を上げている。

日本電子の競争戦略で欠かせない「YOKOGUSHI」戦略とは？

日本電子の競争戦略で欠かせないのが**「YOKOGUSHI」戦略**だ。栗原が社長に就任してすぐに掲げた戦略である。

当時は、縦志向が強かった組織に社内横断的な交流を促進することが主たる目的だった。技術開発志向の会社なので「深さ」を追求するための縦志向は重要だが、それだけでは「広がり」が出てこない。**コア技術を活かすためにも、横連携の重要性**を訴えた。

「YOKOGUSHI」はいまでは社外へと広がり、他社との「産産連携」による新事業開発につながっている。

もともと国の研究機関や大学との「産学連携」は重視していたが、いまでは日本電子にはない技術を持つ他企業とのオープンイノベーションを積極的に進めている。たとえば、マルチビーム描画装置はオーストリアに本社を置くＩＭＳ社（インテルの子会社）との共同開発である。

ＩＭＳ社が円筒部分、日本電子がステージ部分をつくるという協業により、きわめて短期間で市場投入することに成功している。

最近では競合相手との連携も進めている。その好例がリガクとの「産産連携」である。リガクは一部の製品で競合する相手だが、お互いの技術を持ち寄り、新たに電子回析統合プラットフォームを共同開発している。

自前主義、内向き志向を脱し、目を外に向け、他社との協創を推し進める力は、間違いなく日本電子の新たな現場力である。

日本電子の組織カルチャー

取材のために日本電子を訪問した際、電子顕微鏡の最終調整を行う現場で若い技術者たちに会うことができた。

入社4年目（当時）の冨澤洋平さんと入社1年目（当時）の丸一紘大さんだ。「仕事はどう？」と尋ねると、冨澤さんはこう教えてくれた。

「まかせてくれるので、やりがいしかない。自分で考えてやれるので、楽しい」

そして、「いましがたまで、開発担当の技術者が来ていましたよ」と教えてくれた。

現場の若手従業員がやりがいを持って仕事をしている姿は印象的であり、部門を超えた風通しのよさも感じた。

栗原が社長に就任して以降、一貫してこだわってきたことのひとつが、**組織カルチャーの変革**だ。

日本電子の宝は卓越した技術開発力である。それが遺憾なく発揮され、連続的なイノベーションを起こすためには、**自由闊達で風通しがよく、新たなことにチャレンジできる**

組織カルチャーが不可欠だ。

しかし、以前の日本電子は縦にも横にも見えない壁があり、それが会社の総合力の発揮を阻んでいた。

栗原はトップダウンとボトムアップの両方向から、次のような組織カルチャー変革を推し進めた。

トップダウンによるカルチャー変革

栗原が社長に就任する前の日本電子の組織は、事業組織が大括り化され、問題点も見えにくく、市場や環境変化への対応が遅れがちだった。

また、経営会議も少人数で運営され、どのような議論がされているのかが不透明で、風通しも悪かった。

まず栗原が行ったのは、**「見える化」の徹底**だ。

組織を９つの事業ユニットへとブレークダウンし、それぞれの事業ユニットが機動的にすばやく動ける体制へと変更し、事業ユニットごとの損益の「見える化」を徹底させた。

ただ、それだけでは部分最適に陥ってしまうので、**経営会議には各部門の代表者12人が参加し、自部門以外の事業の状況を共有**するようにした。

栗原は経営会議では**「強がりを言うのはやめよう。泣き言を言いなさい」**と呼びかけた。
そこには栗原のこんな思いがある。

「弱いことを言える人ほど、本当は精神的に強い。弱い人は強がりを言いがちだ。『自分はこんな欠点がある、自分はたいしたことない』と言える人のほうが、本当は利口で、力がある」

困っているときにこそ、弱音を吐け。問題点を「見える化」しろ。そうすれば、みんな助けてくれる。
そこから「YOKOGUSHI」が自然と生まれ、組織は強くなる。栗原はこう考えたのだ。

ボトムアップによるカルチャー変革

組織のカルチャーを変革するには、従業員主体の自発的な活動も広げていく必要がある。
日本電子では次のような取り組みを進めている。

①2つの改善活動

日本電子ではグループ全部門において、働き方を見直し、生産性向上とともに、従業員の意欲や能力を存分に発揮できる環境づくりのため、2つの改善活動を並行して進めている。

ひとつめは**「業務改善活動」**だ。

これは比較的大きな改善テーマに取り組むものであり、立候補したチームリーダーが推進する。年に一度、社長賞などの表彰が行われる。

2つめは**「カイチャレ」（カイゼンチャレンジ）**だ。

これは比較的小規模のすぐに実行できる改善で、個人または共同で取り組む。優秀な取り組みには、毎月報奨金が贈られる。

②KF委員会

KFとは**「企業風土」**の意味である。これは従業員が自発的にチャレンジしやすい環境を整えるために、さまざまな活動を推進する委員会である。

1985年にスタートした。当時の日本電子が抱えていた2つの経営課題の改善に取り組むために発足した。

メンバーは35人で編成され、任期は2年。社内各部署から40歳未満の中堅人材を推薦し、部門横断的な取り組みを行っている。

メンバー一人ひとりが日本電子にふさわしい企業風土・文化の創造に向けた活動を提案し、メンバー全員の投票により活動テーマを決定する。

カルチャー変革とは**「土を耕す」**ことだ。肥沃な土壌ができれば、蒔いた種は自然に発芽し、やがて大きく成長する。

トップダウンとボトムアップの両方による地道な組織カルチャー変革の取り組みは、縦割りのヒエラルキー型組織をオープンで風通しのいい主体的な組織へと変革させている。

日本電子における理念の浸透
——理念への共感は、大いなる「熱」の源泉

栗原の最大の功績のひとつは、創業者である風戸健二の熱い思いを組織内に再浸透させたことである。

風戸は**「科学技術こそ立国の礎なり」**という思いを抱き、「電子顕微鏡をやろう」と決めた。「あの貧しい時代にこれほど高い志を抱いた経営者がいたことが、日本電子の誇りだ」と栗原は言い切る。

しかし、栗原が社長に就任するまで、日本電子を経営危機に陥らせた風戸は「悪者扱

い」であり、社内ではタブー視された。

それでも、栗原は風戸の理念を再度掘り起こし、自ら「語り部」として従業員たちに熱く語っている。

社長と管理職が直接対話をする課長会や係長会で、栗原は日本電子の「原点」とも言うべき風戸の思いや言葉を披露する。

ビールを飲みながら少人数の管理職が社長と談話する**「ピーナッツミーティング」**でも、気がつくといつの間にか風戸のことを話しているという。

世界最高水準の機器をつくることの誇り。世界のトップサイエンティストたちとお付き合いできることの喜び。

こうした誇りや喜びの源流には、創業者の強烈な思いがあることを知ることで、仕事に魂が宿る。

「信」がある経営は強い。

「芯」がある会社はぶれない。

創業者の立派な理念があっても、いつの間にか会議室の額縁に飾られる程度で、誰も見向きもせず、埃をかぶっている会社がじつに多い。それでは理念などないのと同じことである。

理念をたんに「共有」するのではなく、理念に「共感」し、熱を発する従業員を育てる。

理念への共感は、大いなる「熱」の源泉である。

合理的な戦略、卓越した現場力、そして健全で良質な組織カルチャーがあれば、ビジネスとしては成立する。

しかし、それだけでは唯一無二の組織にはなれない。

そこに理念への共感が加わることによって、他社が真似のできない模倣困難な経営モデルとなるのだ。

まとめ

日本電子の経営モデルの柱は、次のように整理することができる。

［3つの団子］

①競争戦略――ニッチトップ戦略、「YOKOGUSHI」戦略、世界中のトップサイエンティストという顧客資産

②現場力――コア技術と擦り合わせ力、自前によるグローバル販売力・サービス力、オープンイノベーションを推進する力

③組織カルチャー――オープンで風通しのいいまかせる文化、「見える化」による全

体最適の追求、ボトムアップによる主体的活動

【一本の串】
理念・ビジョン――「科学技術立国を支える」という創業者の熱い理念で「３つの団子」を貫く

ひとつずつの要素が合理的であるだけでなく、それぞれが有機的に結合し、整合性、一貫性が担保されていることによって、日本電子は成長し、躍進を続けている。２０１０年ごろには２００億円足らずだった時価総額は、最近では３５００億円を超える水準にまで高まっている。

日本電子の躍進は、**日本企業の持つポテンシャルがいかに大きいか**を示している。

3 ケース❷ ドリーム・アーツの経営モデル変革を解明する

ドリーム・アーツのこれまでの歴史を振り返る

ドリーム・アーツは１９９６年12月、現社長の山本孝昭氏（以下敬称略）が創業した。アシスト、インテルジャパンで経験を積んだ山本は、学生時代の目標どおり31歳で起業した。

その歴史を振り返ると、次の４つのステージに分けることができる。

第Ⅰ期　創業→上場断念

山本は創業メンバーである前川賢治（現取締役執行役員）らのエンジニアたちとともに、ＩＴ分野でのビジネスの立ち上げを模索した。

１９９９年には社員間のナレッジ共有ツール「ＩＮＳＵＩＴＥ99」の発売にこぎ着けた。分割前のＮＴＴの法人営業本部とともに販路拡大に乗り出し、当初は想定以上に売り上げを伸ばした。

しかし、それは長続きしなかった。

当時、ドリーム・アーツはシステム基盤としてＵＮＩＸ系のプラットフォームを使っていたが、取引先の多くはＷｉｎｄｏｗｓのほうが使い慣れており、ドリーム・アーツの製品は広がらなかったのである。

じつは、経営状況が悪化する中で、ＩＰＯ（株式公開）の話が進んでいた。そして、設立からわずか4年目の２０００年には、大阪証券取引所のナスダック・ジャパン市場上場も承認済みだった。

周囲からは「上場すれば盛り返せる」という声が多かった。

しかし、山本は最後の最後で上場の断念を決めた。山本は当時のことをこう振り返る。

「ここでＩＰＯしたら卑怯だと思った」

山本にとっては上場が目的ではなかった。**「ビジネスとしてまだ確立していないのに上場などすべきではない」**という自らの内なる声に従った。

当然、周囲は大混乱に陥った。山本は従業員をはじめ、関係者へ状況を正直に、そして誠実に伝え、謝罪して回った。

第Ⅱ期　再スタート→大企業特化へ

山本はここで事業の方向性を大きく変える決断をした。

従来行っていた中小企業向けサービスをすべてクローズし、**大企業向けに特化**するという方針を固めたのである。

ＩＴは組織規模が大きければ大きいほど、その効果は大きい。

事業としての難易度は高いが、その「高い山」に挑戦することこそ、他社には簡単に真似のできない独自の存在になれるはずだと山本は確信していた。

上場を断念したことにより、１００人ほどいた従業員は30人ほどまで減っていた。

しかし、幸いなことに、前川をはじめとするエンジニアたちは全員残ってくれた。

そこからは大企業向けの製品開発に専念した。

山本はユーザー視点で「こんなことはできないか」とエンジニアたちに高い水準の要求を突きつける。

エンジニアたちはその上をいくような解決策を生み出す。

そうした**意見のぶつかり合いを繰り返す**ことで、機能やコンセプトがスパイラルアップしていく。

その最初の成果が、２００２年にリリースした大企業向け情報ポータル「INSUITE Enterprise」である。

この製品はユニ・チャーム、サッポロビール、ファーストリテイリング、日本郵政公社（現日本郵政株式会社）などの大企業に採用された。

日本を代表する大企業が、日本のＩＴベンチャーの製品を導入するのは異例のことだった。

２００５年には現在の主力製品であるＷｅｂデータベース「SmartDB」を発表し、「INSUITE」とのセット販売を開始した。

第Ⅲ期　SaaS事業の模索

創業以来、ドリーム・アーツは自社開発したパッケージソフトウェアをもとにした独立系ソフトウェアベンダーとして事業を展開してきた。

しかし、世の中の流れはクラウドサービス型のビジネスモデルへと進化していくと山本は読んでいた。

必要な機能を必要な分だけサービスとして利用できるいわゆる「ＳａａＳ」(Software as a Service)がやがて主流になる。

山本は「ビッグチャンスは必ず巡ってくる」と、そのチャンスを虎視眈々と窺った。

２００８年にはネクスウェイ社と共同で、チェーンストア向けＳａａＳ「店舗matic」の販売を開始し、２０１０年には自社ブランド「Ｓｈｏｐらん」のダブルブランドでの販売にこぎ着けている。

そして、２０１４年には「SmartDB」のＡＰＩ(アプリケーション・プログラミング・インターフェイス)を公開し、多様なアプリケーションの開発基盤としての展開を開始した。

２０１７年には「INSUITE」と「SmartDB」をクラウド基盤上で提供する「ＤＣＳ（Dreamarts Cloud Service）」の販売を開始した。

これによって、クラウドサービスベンダーとしての事業基盤が整備された。

第Ⅳ期　クラウドサービスベンダーとしての飛躍

２０１８年からドリーム・アーツは飛躍期に入った。

コロナ禍によるリモートワークの促進、デジタル化の潮流、人材不足などの環境変化も追い風になっている。

２０１８年からの3年間は全社売上は伸びておらず、利益水準も低かったが、ビジネスモデルの転換は着々と進んでいた。

クラウド事業の売上高比率は２０１８年には35・４％だったが、２０２０年には49・０％まで高まった。

そして、２０２１年、ドリーム・アーツは**「デジタルの民主化」**を打ち出した。

ＤＸ（デジタルトランスフォーメーション）を打ち出しても、デジタル人材不足により業務改革が進んでいない大企業が多い。

そうした中で、業務のプロである業務部門が自らデジタルを活用することで、業務改革

図表6-2　ドリーム・アーツの売上高推移

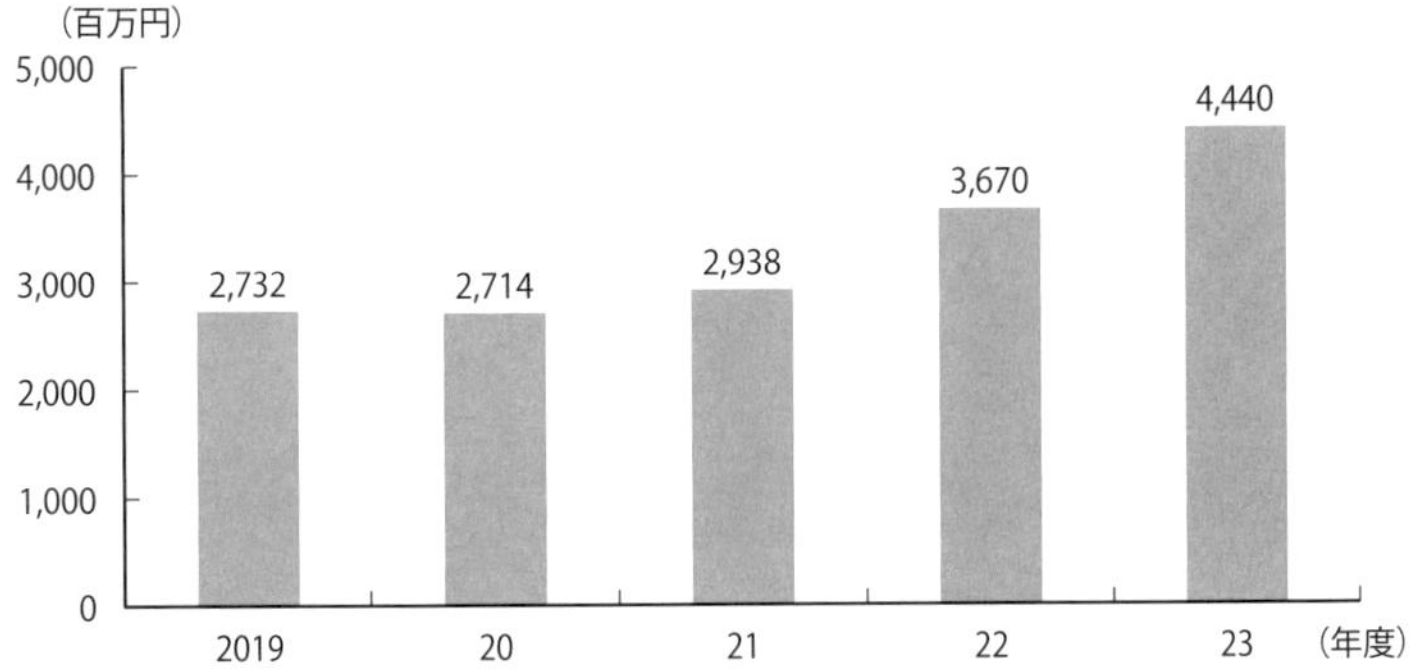

を進め、ＤＸを実現するのが「デジタルの民主化」である。

非ＩＴ人材でもノーコードでデジタル化を進めることができるのが最大のメリットだ。

このコンセプトが大企業から圧倒的な支持を受け、多くの会社での導入が進んでいる。

「SmartDB」は大企業向けＳａａＳで唯一、３部門（ノーコードＷｅｂデータベース、ワークフローシステム、文書管理）で最高位の「リーダー」（ITreviewのユーザー評価）を同時認定されている。

２０２１年度以降、売り上げも利益も右肩上がりで伸びている。２０２３年12月期の売上高は44億４０００万円、営業利益は５億７７００万円に達した（図表６-２）。

２０２３年度のクラウド事業の売上高比率は70％を超えた（図表６-３）。

そして、２０２３年10月27日、ドリーム・アー

図表6-3　ドリーム・アーツのクラウド事業売上高比率推移

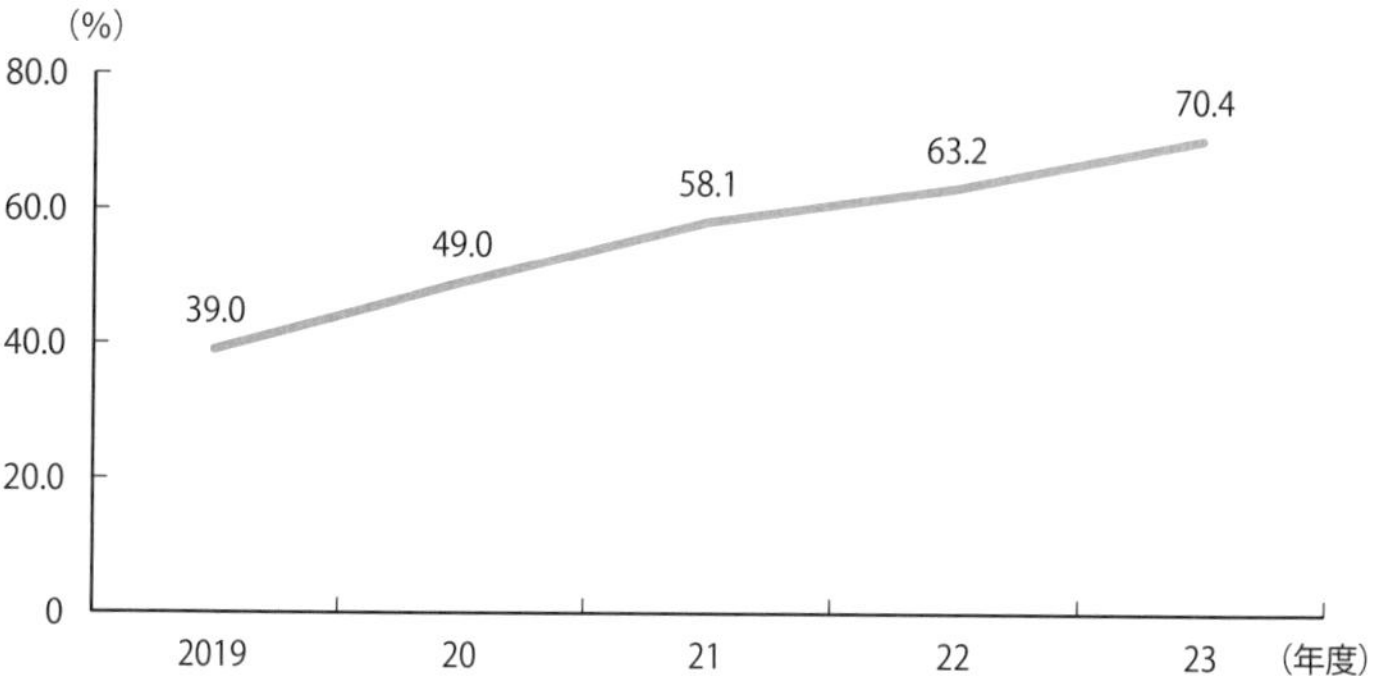

ツは**東証グロース市場への上場**を果たした。

ドリーム・アーツの現場力

「ドリーム・アーツの現場力っていったい何ですか？」という私の問いかけに、山本は即座にこう答えた。

「それは『**協創力**』ですよ」

ドリーム・アーツは山本の「ワンマン会社」のように見られがちだ。たしかに、山本の先見性、戦略性、リーダーシップは卓越している。

その一方で、山本は実行の重要性、チームワーク・組織力の重要性を強く意識している。

その根幹にある考え方が**「協創」**（Co-Creation）である。

ドリーム・アーツはコーポレート・ミッションとして**「協創する喜びにあふれる人と組織と社会の発展に貢献する」**を掲げている。

そして、スローガンとして**「協創力を究めよ」**(Peak the Arts of Co-creation)を謳っている。

山本は社員たちに「協創」という概念を、こう伝えている。

「(オフィスの窓から見える)六本木ヒルズはどうやってできていると思う? あれは高度な専門性を持つ多くの人たちが集まって、みんなで力を合わせて建てられているんだよ」

⋯⋯⋯⋯⋯⋯

高度に細分化された専門性を持つ人たちが集まり、力を結集させ、大きな価値を生み出す。それこそが「協創」であり、人間がほかの動物とは異なる根源的価値である。

そして、そこには必ず「喜び」があると山本は繰り返し説く。

異なる意見やアイデアを擦り合わせ、より高次のレベルへと引き上げていく

「協創」とは「みんなで仲良く」という底の浅い概念ではない。

時には、異なる意見の対立や衝突が必ず生まれる。**異なる意見やアイデアを擦り合わせ、より高次のレベルへと引き上げていくことが「協創」**である。

「協創」はドリーム・アーツのいたるところで実践されている。

たとえば、ドリーム・アーツがこだわりつづけている研究開発においても、顧客の意見をどのように実現させるのか、新しい技術をどのように実装するのかなど、意見の衝突は日常茶飯事である。

会社を立ち上げた当初に、尖った製品を開発するために山本と前川が侃々諤々と議論を繰り返したときと同じ光景がいたるところで繰り広げられている。

「協創」はクライアントとの関係性の中でも遺憾なく発揮されている。

山本は「うちはクライアントと本当によく『喧嘩』する」と語る。クライアントと本気で向き合い、議論を交わすからこそ**「ラポール」（心が通じ合う関係）**が生まれる。

それによって、クライアントが「じつはね……」と本音や実情を吐露するようになる。

それが「いい仕事」や「成果」につながる。

ドリーム・アーツで働く社員の平均年齢は36歳だが、営業やマーケティング部門はさらに低く、30歳程度である。

こうした若い社員たちが大企業の役員や管理職を相手に、「デジタルの民主化」を推進している。なかには、20歳代の若手コンビで億単位の商談を受注することもある。

ドリーム・アーツでは、オフィスで働く外部の働き手の人たちのことを**「KPさん」**と呼んでいる。ＫＰとは**「協創パートナー」**のことである。

そこには「ＫＰさんは一緒に価値を生み出す仲間」というリスペクトがある。

「協創」という考え方への共感と実践から生まれる「協創力」という独自の現場力が、ドリーム・アーツの成長を支えている。

ドリーム・アーツの競争戦略は「Big Donuts」（ＢＤ）戦略

ドリーム・アーツの競争戦略は明確だ。

それは「Big Donuts」（ＢＤ）戦略だ。ＢＤは同社の造語だが、その意味は次のとおりだ。

・ビッグ――ターゲットは従業員１０００人以上の大企業約４０００社

・ドーナツ――ＥＲＰなどのミッションクリティカルな基幹系システムを取り囲むように配置されている現場部門向けのシステム領域

企業の事業部門や現場はＤＸ推進の核心エリアであるが、ＩＴ人材不足などによりＤＸが遅々として進んでいない。

そこで、主力製品である「SmartDB」をノーコード開発の基盤として提供し、非ＩＴ人材でも「市民開発者」として自分たちで業務のデジタル化を進めることを可能にすることが、ドリーム・アーツのミッションであり、中核戦略である。

その市場規模は約３５００億円と推定されている。

ＩＴやデジタル市場全体から見れば比較的小さく見えるが、これまでは受託開発で行っていたカスタマイズ市場を代替することが可能となる。

ドリーム・アーツは、この市場セグメントで圧倒的な存在になることを目指している。

そのための次なる戦略として掲げているのが、**「戦略パートナーの拡大」**である。

２０２４年2月にまず第一弾として7社とのパートナープログラムを開始した。

直販だけでなく、中堅システムインテグレーターなど多様な戦略パートナーと手を結ぶことによって、早期にマーケットカバレッジを高め、成長を加速させようとしている。

戦略パートナーの拡大は、次の3層に分けて進めようとしている。

★クラウドソーシングパートナー――「SmartDB」人材の創出
★クラウドインテグレーションパートナー――開発プロジェクト基盤の提供
★ソリューションプロバイディングパートナー――業務特化ソリューション開発

じつはここにもドリーム・アーツが大事にしている「協創」の考え方が反映されている。内部リソースに頼るだけでなく、独自の強みを持つ外部パートナーと連携し、新たな価値を創出する。

まさにドリーム・アーツ流の「エコシステム」を構築しようとしている。

ドリーム・アーツの組織カルチャー

ドリーム・アーツでは「協創」が組織カルチャーとして根づき、社員たちが当たり前のように「協創」を実践する**「無意識的有能状態」**にまで高まっている。

これがドリーム・アーツという会社の最大の模倣困難性である。

それでは、どのようにしてこうした価値観の共有はなされているのか。

ドリーム・アーツでは合宿などによる社員教育に、山本をはじめとする経営陣がきわめて多くの時間を使っている。

新入社員向けの2泊3日の合宿、若手社員向けの合宿、インテリジェンスの根幹となる「具体と抽象」を学ぶワークショップなど、多彩な教育プログラムが用意され、「協創」をはじめとするドリーム・アーツの基本的な考え方を浸透させている。

ドリーム・アーツは「DA Values」として、次のような6つの価値観を掲げている（図表6－4）。

①顧客との信頼（Customer Trust）
②自律とリーダーシップ（Autonomy & Leadership）
③挑戦と変革（Challenge & Innovation）
④機会の本質（Essentials of Opportunity）
⑤やり抜く忍耐と勇気（Perseverance & Courage）
⑥建設的対立（Constructive Confrontation）

これらは「協創」を推進するための基本的な心構えであり、共通の価値観である。

しかし、たんにこうした言葉を羅列しただけでは、社員の心には刺さらない。

たとえば、ドリーム・アーツでは合宿などで「DA Values Card Game」を行っている。

図表6-4　DA Values

これはある社員の発案から生まれた。

これは、**多様な価値観を示すカードを参加者に配り、重要でないと思うものをひとつずつ捨てていくゲーム**である。

最後にどのようなカードが残っているのかをお互いに知ることで、自分の価値観を再認識することができる。これはクライアントとの間でも行っており、「ラポール」を生み出す効果的なツールとなっている。

ゲーム感覚で会社の価値観を学び、自分自身の価値観とも向き合うことによって、会社が大切にしているスピリットが社員の心に浸透していく。

山本は組織カルチャーについてこう語る。

「協創や信頼の重要性については、創業のときからずっと言いつづけてきた。とってつけたような言葉ではない。続けているというパワーはとてつもなく大きい」

上からの指示がなくても、社員たちが「協創」に向けて自律的に勝手に動き出す。地道にコツコツと積層してきた力こそが、ドリーム・アーツの競争力の源泉である。

まとめ

ドリーム・アーツの経営モデルの柱は、次のように整理することができる。

［3つの団子］

①競争戦略――大企業の現場部門向けシステムをＳａａＳで提供する「Big Donuts戦略」

②現場力――「協創」する力

③組織カルチャー――6つの「DA Values」を実践し、当たり前のように「協創」を推進する「協創」文化

【1本の串】

理念・ビジョン――「協創する喜び」というミッション、「協創力を究めよ」というスローガンで「3つの団子」を貫く

ドリーム・アーツの経営モデルは、ある意味とてもシンプルであるが、**「串団子モデル」を体現している好例**と言える。

競争戦略は世の中の動きを常に観察し、自分たちの強みが活きる分野を見定め、タイミングを見計らって**思い切った「戦略シフト」**を行う。

そして、実行局面においては、**ぶれずに独自の実行力**を磨きつづける。

普遍性の高いミッション、スローガンを掲げ、その重要性を経営陣が本気で言いつづけ、その実践によって**卓越した現場力が構築**される。

実践や成果に裏付けされた価値観の浸透は、やがて他社が模倣困難な独自の組織カルチャーへと昇華する。

時代に流されず、本質を見極め、ぶれずに続けてきたからこそ、力強い経営モデルの構築に成功しているのである。

第II部

経営全体をアップデートし、「串団子」モデルを構築する

第7章

新しいリーダーシップとは何か

1

仕事や働き方に対する価値観が変わってきている

従業員に選んでもらえる会社になる

日本企業が「新しい現場力」を育み、経営モデルをアップデートするためには、リーダーシップが必要なのは言うまでもない。

しかし、そこで求められるリーダー像は、これまで語られてきたリーダーの姿とは大きく異なってきている。これまで称賛されてきたカリスマ的リーダーが有効とは限らない。

若手世代の仕事や働き方に対する価値観、個と会社の関係性は大きく変わってきている。

厚生労働省のデータによると、２０１９年における大学卒の入社３年以内の離職者は32・８％である。**新入社員の３人に１人は３年以内に辞めている。**[1]

その理由はさまざまだ。

「給与に満足できない」「期待と現実とのギャップ」「ストレス過多」「ノルマがきつい」「仕事に面白さを感じない」「人間関係がつらい」「社風になじめない」などが挙がっている。

私のような古い世代の人間から見ると、「こらえ性がない。もう少し我慢してみたら」

と思ってしまうが、人手不足で引く手あまたの若い世代にとって、我慢することに何のメリットもない。

「新卒で入社した会社に定年までお世話になる」というキャリアを選択する人は間違いなく減っていくだろう。

選択権は従業員の側にある。

優秀な従業員に選んでもらえるような会社にすることだけが、企業にとって唯一の防衛策である。

自分自身の可能性を信じる生き方

私が大手電機メーカーを退職し、経営コンサルタントとしての道を歩みはじめたのは35年も前のことだ。

当時は安定している大手企業を辞めて、転職するのはまだ珍しかった。

「なぜ辞めるんですか？　もったいない」「外資系なんかに行って大丈夫なんですか？」とさんざん言われた。

ボストン コンサルティング グループ（ＢＣＧ）に入社したが、「不安8割、期待2割」の状況だった。本当に飯が食っていけるのか。仕事で付加価値が出せるのか。不安だらけの船出だった。

新入社員のオリエンテーションと研修がボストンで行われた。

世界中から約70人の新入社員が集まった。みんなピカピカの学歴、職歴を有し、やる気と優秀さが身体からにじみ出ていた。

そんな中、ひとりの米国人の新入社員に出会った。彼の経歴は飛び切り異色だった。

大学を卒業し、プロゴルファーになったが、肘を怪我し、途中で断念。その後、メディカルスクール（医学部）に入り直し、医師になった。

そして、今度はスタンフォードのビジネススクールを卒業し、ＢＣＧに入社したという。

そのとき、彼は30代後半だった。

彼は「しばらくコンサルタントをやってから、起業する」と教えてくれた。

私にとっては衝撃的な出会いだった。

「こんな人生、こんなキャリアもあるのか……」

彼は自分自身の可能性を信じていた。常にポジティブで、楽観的で、チャレンジングだった。

彼との出会いで、私は吹っ切れた気がした。

「どうなるかわからないけれど、思い切りやってみよう！」

そこから私の新しいキャリアはスタートした。

個を活かし、連帯を生み出す経営を実践する
——Unity From Diversity（多様性からの連帯）

それから35年。**日本もようやく「転職が当たり前」の時代に突入**した。**これは日本という国にとって、とてもよいこと**だと私は思っている。

人材の流動化が進むことによって、より魅力的な業界、魅力的な会社、魅力的な仕事に人はダイナミックに動く。それにより、日本の産業は活性化するはずだ。

それは個人にとっても新たな可能性が広がることを意味する。

会社が用意してくれた「線路」の上を走るのではなく、自分自身で「線路」を敷き、その上を走る。それが**自律したキャリア**というものだ。

もちろん、その途中では挫折や失敗もあるだろう。

しかし、それによって個は磨かれ、成長する。

経営にとって大事なのは、**優秀で多様な個を惹きつけ、束ね、力を発揮させることができるか**だ。

私が在籍していたころのＢＣＧでは、「BCG is a zoo!」（ＢＣＧは動物園だ！）とよく言われた。

多様で個性的な「動物」が集まっているのがＢＣＧであり、それが強さの源なのだとさかんに強調された。

現場力とはチームの力であり、**集団の力**である。

どんなに有能な個であっても、ひとりでできることは限られている。「新しい現場力」においても、その本質は変わらない。

ＢＣＧのオリエンテーションで聞いた言葉を、私は一生忘れない。

――Unity From Diversity（多様性からの連帯）

多様な個性を持つ人たちをひとつに束ね、そこから連帯を生み出す。

これからの日本企業に求められているのは、まさにこの言葉である。

仕事を「楽しもう」とする姿勢が大切

ヒーローのイメージは、時代とともに変わる。

平成時代に活躍したイチロー（プロ野球）や羽生善治（将棋）には「孤高の求道者」のイメージがついて回る。

持って生まれた才能に頼るだけでなく、ストイックに努力を積み重ねる。それがとんでもない結果につながる。

それに対し、大谷翔平や藤井聡太などの令和のヒーローのイメージは明らかに異なる。

そこには「道を究める」ことよりも、**「好き」や「楽しむ」という感覚をなによりも大事にしている**ように見える[2]。

もちろん、実際の過程においては、苦しいことや辛いこともあるだろう。楽しいことばかりではないはずだ。

それでも、彼らはその過程すら「楽しもう」としているように見える。

この姿勢・感覚は、これからのビジネスにおいても、とても大切だ。

企業は「ＶＵＣＡ」と呼ばれる先の読めない予測不能な環境の中での経営を強いられている。そして、数多くの前例のない「厄介な問題」に直面している。

そんな中で、リーダーが苦虫を噛み潰したような悲壮感漂う表情で組織を率いても、いいことは何もない。

「変化を楽しむ」「挑戦を楽しむ」「失敗を楽しむ」ことができるリーダーシップこそが、いま求められている。

2 「みんながリーダー」の組織モデル

「リーダー」と「リーダーシップ」は異なる概念
――「リーダー＝存在」「リーダーシップ＝意識」

ここで、少しだけリーダーシップの基本をおさらいしておこう。

「リーダー」と「リーダーシップ」は異なる概念である。[3]

リーダーとは「存在」であり、**リーダーシップとは「意識」**である。

リーダーという「存在」はひとりかもしれないが、リーダーシップという「意識」はすべての参画者に持たせることができる。

リーダーシップとは一握りの選ばれた人たちだけのテーマではない。

リーダーシップという「意識」を持ち、行動する人がリーダーだとすれば、**全員がリーダーになり得る**。

そもそも人間が「生きる」ということ自体が、リーダーシップなしではあり得ない。大きい、小さいの違いはあるにしても、人間には本来、リーダーシップが内包されていると信じることが大切だ。

リーダーシップとは経営者や管理職層だけに限定されるテーマではない。すべての従業員にとって大事なテーマなのである。

「新しい現場力」にとって不可欠である「主体性の発揮」とは、従業員一人ひとりがリーダーシップを発揮することにほかならない。

「リーダーの顔」と「フォロワーの顔」を使い分ける

巨大かつ強力で、絶対的な「存在」で勝負するのか。それとも、一つひとつは小さいかもしれないが、分散しながらも結合している集合的な「意識」で戦うのか。

どちらが正解で、どちらが不正解という話ではない。

しかし、個を活かそうとするのであれば、**多くの従業員がリーダーシップを発揮するという「意識」を持ち、主体性を発揮する「分散型モデル」が必要**となる。

これまでの組織モデルでは、リーダーとフォロワーは「分離」され、「固定化」されてしまいがちである。

リーダーは一部の特定の人たちを指し、その他大勢はフォロワーとして識別される。

「私にはリーダーシップなんて関係ない」と思っている従業員が多いのは、「リーダーvs.フォロワー」という固定的な関係性の中で組織が動いているからである。

しかし、**ひとりの人間の中に「リーダーの顔」と「フォロワーの顔」の二面性があり、それらを柔軟に使い分けていく**ことがこれからは求められる。

ＺＯＺＯの澤田宏太郎社長は、２０１９年に社長に就任したときの思いについて、こう語っている[4]。

> 「最初に伝えたのが『主役は社員』というメッセージです。社長が誰かなんてどうでもいいから、ファッション好きな社員一人ひとりが重要であることを社内外に伝えたかった」

社長だからといって、どの局面においてもリーダーである必要はなく、時にフォロワーに回ることもある。

逆に、平社員だからといってフォロワーに徹するのではなく、局面によってはリーダーになる。

だから、**「みんながリーダー！」**なのだ。そして、それは「みんながフォロワー！」であることも意味している。

私はそれを**「『みんながリーダー』の組織モデル」**と呼んでいる。

求心力と遠心力のバランス

圧倒的な属人的パワーで組織をグイグイ引っ張りつづけるという考え方ももちろんある。絶大な個の力で組織を束ね、エネルギーを最大化させ、成果を生み出す。そうした「パワー・リーダーシップ」を私は否定しない。

しかし、**ひとりに依存する組織は、時としてもろい。**

個の力を失ったとたん、箍《たが》が外れたようにバラバラになり、瓦解しやすいのも事実だ。

早稲田大学ラグビー部監督として二度全国一に導いた中竹竜二氏は、こう指摘している。

「リーダーは組織における活動の半分以上において、リーダーではなくフォロワーに

ならないといけない」

「リーダーvs.フォロワー」という概念を、人と人との関係性の中で固定化するのではなく、**ひとりの人間における役割の異なる「2つの顔」**と位置付ける。

こうした考え方が根底になければ、個を活かす経営は実現できない。

「みんながリーダー」の組織モデルは、「多くの船頭をつくる」わけではない。**「船頭」という「核」となるリーダーはあくまでもひとり**だ。

船の行き先（方向性）を決めるのは、あくまでも「核リーダー」だ。会社で言えば、社長やCEO、役員たちだ。

「船頭多くして船山に登る」というリスクを避けるためにも、**強い求心力**は必要だ。

しかし、どんなに並外れた個の力があっても、求心力だけで大きな成果を生み出しつづけるのは容易ではない。

個の力を最大限に引き出し、それらを束ね、大きな成果に結びつけるために、遠心力を働かせる。

「みんながリーダー」の組織モデルは、求心力と遠心力のバランスの上で成り立っている。

3 「溶け込むリーダーシップ」を磨く

「突出するリーダーシップ」だけでは成り立たない

「核リーダー」たる経営層の「引っ張る力」は、ビジネスの成功には不可欠である。未来を見据え、大目標を掲げ、みんなを先導し、牽引する力がなければ、新たな価値の創造や変革は起こり得ない。

しかし、**「突出するリーダーシップ」だけでは、これからの企業経営は成り立たない。**

「突出」することよりも、むしろ組織の内に溶け込み、内側から従業員の力を燃焼させ、その力を最大限に引き出すことが日本企業の再生には不可欠だ。

それを私は**「溶け込むリーダーシップ」**と呼んでいる。

自分が先頭に立つべきときは、決然として矢面に立ち、みんなを鼓舞する。しかし、普段はフォロワーとして一番後ろから従業員を支え、目立たぬ「サーバント」に徹する。

リーダーのそうした意志と行動によって、フォロワーたちにはやがてリーダーシップの意識が芽生え、リーダーとして行動するようになっていく。

自己抑制と「不完全性」に対する認識が不可欠
——権力者だからこそ、抑制的であることが求められる

「溶け込む」という状態は、「核リーダー」の明確な意志と忍耐がなければ、けっして生み出すことはできない。

「溶け込むリーダーシップ」を発揮するには、**自己抑制と「不完全性」に対する認識が不可欠**だ。

「核リーダー」というポジションにつけば、ほとんどの人は自分のカラーを出したがる。それを可能にするだけの肩書きと権限を手に入れるのだから、「突出」するのはある意味、当たり前のことだ。

その中で、「溶け込むリーダーシップ」を発揮するためには、個の「突出」を抑制することを意図的に行わなければならない。

権力者だからこそ、抑制的であることが求められる。

そして、それ以上に重要なのは、**自分に対する「不完全性」の認識**である。

たとえ「核リーダー」といえども、すべてのことがわかるわけではないし、できるわけ

ではない。時に「スーパーマン」のようなリーダーを装う人もいるが、現実には全知全能の人間はいない。

自分は「不完全な人間」であることを誰よりも認識する。これは自己否定することではない。

「ひとり相撲」をとるのではなく、**「自分よりも優れたタレントを見出し、活かすことが自分の役割である」と自覚する**ことこそ、「溶け込むリーダーシップ」の要諦だ。

「溶け込むリーダーシップ」を構成する2つの要件——「ビジョナリー」と「キャプテンシー」

それでは、どうすれば「溶け込むリーダーシップ」を育むことができるのか。

そのためには、「溶け込むリーダーシップ」を構成する2つの要件を理解する必要がある（図表7-1）。

①ビジョナリー

ひとつめは、「ビジョナリー要件」である。

どのようなリーダーシップスタイルを選択したとしても、**リーダーは組織が目指すべき**

図表7-1　リーダーシップの2つの要件

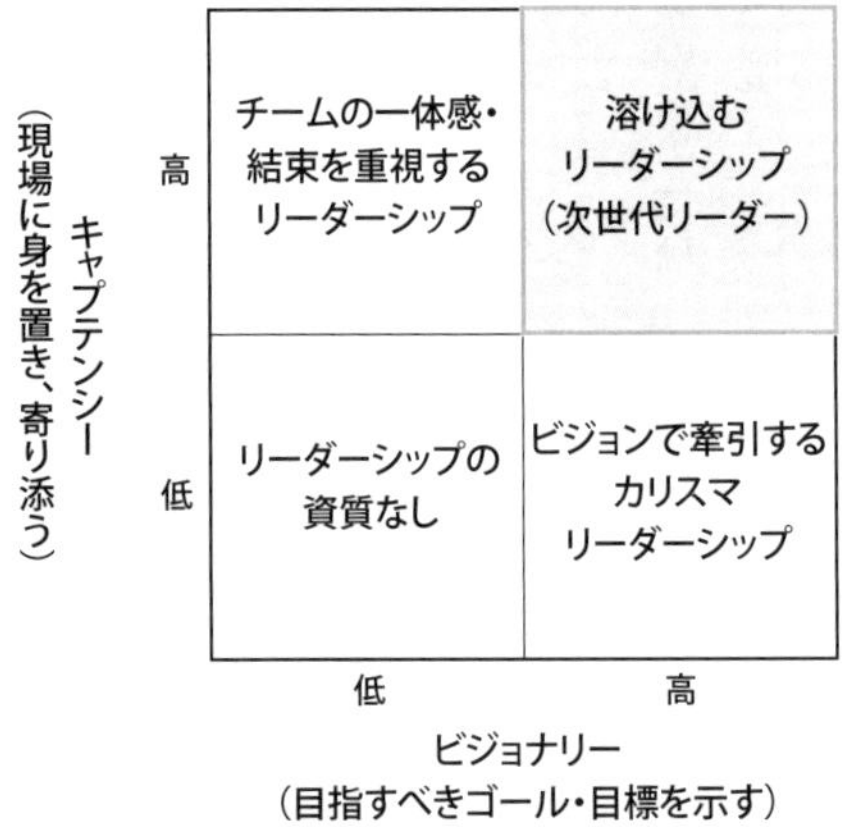

ビジョンを示さなければならない。

組織が目指すべき目標・ゴールを示し、そのための具体的な道筋を明らかにしなければ、リーダーの務めは果たせない。

「溶け込むリーダーシップ」においても、メンバーが共感を持ち得る目標の提示は不可欠である。

ビジョンという達成目標が示されてこそ、リーダーという「役割」は生まれる。

リーダーシップは、目標達成のための「手段」にすぎない。

②キャプテンシー

しかし、ビジョンの提示はリーダーシップの必要条件ではあるが、十分条件とはなり得ない。

「溶け込むリーダーシップ」を実践するた

めには、**「キャプテンシー」という要件**を満たさなければならない。

「キャプテンシー」とは、スポーツなどにおける「キャプテン」（主将）に期待されている役割である。

フィールド・プレイヤーと同じフィールドに立ち、ゲームの中で自らも汗をかき、プレイヤーとしての貢献もしながら、仲間たちに寄り添い、チーム全体を鼓舞する。

このキャプテンとしての働きがなければ、「溶け込むリーダーシップ」は実現できない。チームスポーツの世界を見ると、強いチームには必ずといっていいほど、卓越したキャプテンが存在する。

プレイヤーとして傑出している人材ばかりではないが、いぶし銀の働きをするキャプテンがいて、チームは結束し、機能する。

「溶け込むリーダーシップ」は「ビジョナリー要件」と「キャプテンシー要件」の2つが揃ってこそ発揮されるハイブリッド型のリーダーシップである。

言い換えれば、組織の目標を掲げ、その実現シナリオを描く「監督」の役割と、その実現のためにほかの仲間たちと一緒にフィールドで汗をかく「キャプテン」の役割を同時に果たすことが求められているわけだ。

「キャプテンシー」の重要性が高まっている2つの理由

とりわけ、ビジョンをぶち上げるだけでなく、フィールドで一緒に汗をかきながら、仲間たちに寄り添い、自らビジョンの実現に邁進する姿を見せる「キャプテンシー」の重要性はますます高まっている。

その理由として、次の2つを挙げることができるだろう。

①環境変化のスピードがますます加速している

企業を取り巻く環境変化のスピードはますます加速している。しかも、**変化の向かう先も予測不能**である。

こうした変化を敏感に察知し、対応するには、リーダー自身が時にフィールドに身を置き、現場のリアリティを肌で感じながら、判断・決断することが求められている。

フィールドの外に身を置き、「監督席」から指示をしていたのでは、変化に対応したり、変化を先取りしたりすることは難しい。

②経営者と現場の距離感

「失われた30年」の間に日本企業が失ってしまったもののひとつが、**経営者と現場の距離感**である。

リーダーが描くビジョンや方針を自らの言葉で語り、現場の声、顧客の声に直接接することの重要性をあらためて再認識する必要がある。

「間接統治」ではなく、「直接統治」を行わなければ、「新しい現場力」を育てることはできない。

経営者自らが大きな「熱源」となり、従業員に「飛び火」させることが必須である。

ビジネスリーダーは「よきキャプテン」たれ

未来のゴールを示す「ビジョナリー」と同時にフィールドで汗をかく「キャプテンシー」の2つを両立させることなどできるのか、と訝《いぶか》しむ人もいるかもしれない。

たしかに、これまでのリーダーシップ理論では、これらは異なるタイプのリーダーシップスタイルと認識されることが多かった。

大きな夢をぶち上げるのは得意だが、みんなで一緒に汗をかいてビジョンを実現させるのは苦手という人もいる。

逆に、大きな夢をぶち上げるよりも、コツコツがんばる姿を見せるのが得意という人もいる。

しかし、少なくともビジネスの世界では、これら2つの要件を両方とも兼ね備えた人材でなければ、「新しい現場力」を養い、経営モデルをアップデートすることはできない。

日本企業が再生を果たすには、経営者自らが**「ハンズオン」（自ら参加する、手を動かす）の感覚**を取り戻さなければならない。従業員とともに歩む、現場とともに進むという姿勢を示すことがなにより大切だ。

新しい時代の日本企業のビジネスリーダーは、**「よきキャプテン」**でなければならない。

おわりに

いまがどん底。これからは浮上しかない

私が『現場力を鍛える』を出版した2004年、世の中で何が起きていたのかをおさらいしてみたい。

この年の10月、新潟を中心とする新潟県中越地震が起きた。脱線した新幹線の映像はいまでも生々しく記憶に残っている。

ビジネス界では、三菱東京フィナンシャル・グループとUFJホールディングスが経営統合をし、巨大な総合金融グループが誕生した。

アテネ五輪が開催され、競泳で北島康介が2つの金メダルを獲得した。海の向こう米国では、ブッシュ大統領が再選され、マリナーズのイチローがシーズン最多安打262本を記録した。

こう振り返ると、「ずいぶん前のことだなあ」とあらためて思う。

その間、私自身は飽きもせず「現場力」の重要性をずっと訴えつづけてきた。それについては、いまでもぶれることはない。

しかし、言うまでもなく日本企業を取り巻く環境は激変しており、いまでも目まぐるしく変化しつづけている。

当たり前のことだが、**「現場力」という組織能力も時代に合わせて進化させ、アップデートさせなければならない。**

その必要性は強く感じていたものの、その方向性を示すことができずにいた。

そしてここ数年、日本を代表する企業でのさまざまな不正や不祥事が次々に露呈した。

私はそうしたニュースを耳にするたびに、「現場力は死んだ……」と呆然とした。軸を失い、迷走する日本企業がもがき苦しむのを間近で見てきた。

その一方で、**「いまがどん底だ。これからは浮上しかない。いまこそ『新しい現場力』の方向性を示さなければならない」**とも強く感じていた。

それが、本書を執筆しようと思った動機である。

「個」のポテンシャルは世界トップレベル

本書の第I部で触れたように、この20年、さらには「失われた30年」の間に、日本という「国」の地盤沈下、日本企業という「会社」の凋落は惨憺たる状況である。

こうした数字だけを見れば、どうしても悲観的にならざるを得ない。

しかし、これらはあくまでも「国」や「会社」レベルの話である。

「個」のレベルで見れば、「日本人」の活躍は目覚ましいものがある。

ＭＬＢのロサンゼルス・ドジャースへ移籍した大谷翔平選手の活躍は言うに及ばず、サッカー日本代表はほぼ全員が欧州各国で活躍している。

国内でも、将棋の藤井聡太棋士が八冠を達成するなど、**若い世代の活躍はこれまでの常識をはるかに超えている。**

彼らはいつも笑顔を絶やさず、しなやかにのびやかに大きな舞台で思う存分力を発揮している。

若い世代の活躍は、特定の分野だけではない。

経済協力開発機構（ＯＥＣＤ）が２０２２年に実施した学習到達度調査（ＰＩＳＡ）で、日本は**「科学的リテラシー」が2位、「読解力」が3位、「数学的リテラシー」が5位**と、3分野すべてで順位が世界トップレベルだった[1]。

ＰＩＳＡは義務教育修了段階に当たる15歳（日本では高１）を対象に、知識や技能を実生活の課題にどう活用できるかを測る調査だ。

つまり、**未来を担う若い世代の可能性はきわめて高いレベルにある**ということである。

高校通算１４０本のホームランを放った花巻東高校の佐々木麟太郎君は、名門スタンフォード大学への進学を決めた。「勉強も野球も１００％」と語り、これまでのスポーツ選手とは異なる生き方の先駆けとなろうとしている。

「個」という尺度で見れば、若い世代の「日本人」の水準は間違いなく世界トップクラスである。

「『個』に選ばれる『会社』」に生まれ変われ

日本企業のこれからの最大の経営課題は、こうした**卓越した「個」に選んでもらえる「会社」になれるかどうか**ということだ。

もちろん優秀な「個」に国籍は関係ない。日本人であろうが、非日本人であろうが、やる気と可能性に満ちた自律した「個」を惹きつけることができなければ、「会社」の未来はない。

本書で語ってきた「新しい現場力」や「経営モデル変革」は、卓越した「個」に選んでもらうための必要条件である。

世界を知り、グローバルスタンダードを尺度として身につけた有能な若い世代に選ばれる。そのためには、「新しい現場力」を創造し、「新しい会社」へと生まれ変わらなければならない。

「個」が主役の時代が到来した。

そして、**卓越した「個」に選ばれる魅力的な「会社」だけが、日本そして世界を未来へと導く**のだ。

本書の執筆に際しては、きわめて多くの方々にご支援、ご協力をいただいた。

ケースとして取り上げた日本電子の栗原権右衛門会長、田中健太郎秘書グループ長、生産本部の冨澤洋平さん、丸一紘大さん、そしてドリーム・アーツの山本孝昭社長には全面的なご支援をいただいた。

また、事例として取り上げたＫＤＤＩコーポレートシェアード本部長の西田圭一さん、コーポレートＤＸ推進部長の村田彰則さん、エキスパートの横山拓郎さん、人事本部の安住麻子さん、住友林業埼玉東支店・木村祥之さん、東京中央支店・小玉敏之さん、スミリンビジネスカレッジ・久田剛史校長にはご多忙の中、快く取材に応じていただいた。

東洋経済新報社入社直後に『現場力を鍛える』の編集に携わっていただいた中里有吾さんには、本書においても企画段階から適切な助言をいただき、感謝の言葉もない。

そして、本書を執筆する環境を整えてくれ、資料の収集や図表作成に協力してくれた株式会社カラーズ社長の高田裕子さんにもお礼を申し上げたい。

20年前に『現場力を鍛える』を出版したとき、20年後にまた同じテーマで新たな本を書くなどまったく思いもしていなかった。

自分でもよく飽きもせず、同じようなことを考えつづけてきたものだと思う。それは、やはり企業の現場で日々奮闘する人たちのたくましさや力強さ、一途さに魅了されているからだと思う。

移ろいゆく世の中で、20年以上も同じテーマを追いつづけることができていることを本当に幸せだと感じている。

「新しい現場力」で、日本企業が真に再生することを心から願っている。

2024年6月

遠藤　功

注記

はじめに

[1]『日経ビジネス』２０１９年10月21日号

第１章

[1]『日本経済新聞』２０２４年２月17日
[2]『未来予測２０４０』リクルートワークス研究所
[3] OECD, "National Accounts of OECD Countries"
[4] 公益財団法人日本生産性本部プレスリリース（２０２２年12月19日）
[5] 総務省統計局
[6]『日本経済新聞』２０２４年１月21日
[7]『日本経済新聞』２０２４年１月27日
[8] 一般財団法人国際貿易投資研究所「日本の輸出競争力の凋落」
[9]『日本経済新聞』２０２４年１月１日
[10] 厚生労働省年次報告書
[11]『日本経済新聞』２０２４年２月11日
[12] 一般社団法人成果配分調査会「調査会レポート」
[13]『日本経済新聞』２０２３年12月30日
[14] 一般社団法人成果配分調査会「調査会レポート」
[15] ＯＥＣＤ「２０２１年年間労働時間」
[16]『日本経済新聞』２０２３年12月30日
[17]『日本経済新聞』２０２３年11月30日

[18]『日本経済新聞』2024年1月14日

第2章

[1] 遠藤功（2014）『現場論』東洋経済新報社
[2] ピーター・F・ドラッカー（2007）『断絶の時代』（上田惇生訳）ダイヤモンド社
[3] 遠藤功（2009）『現場力復権』東洋経済新報社

第3章

[1]『日本経済新聞』2023年12月21日
[2]『Wedge』2019年8月号
[3] 遠藤功（2022）『「カルチャー」を経営のど真ん中に据える』東洋経済新報社

第4章

[1] ジェームス・C・アベグレン（2004）『日本の経営 新訳版』（山岡洋一訳）日本経済新聞社
[2]『日経ビジネス』2022年11月21日号
[3]『日本経済新聞』2024年3月13日（夕刊）
[4]『日本経済新聞』2013年12月21日（追想録）
[5] 堂目卓生・山崎吾郎編（2022）『やっかいな問題はみんなで解く』世界思想社
[6]『日本経済新聞』2024年1月16日
[7]『財界ONLINE』2023年2月7日
[8]『日本経済新聞』2024年1月14日
[9]『日本経済新聞』2023年12月21日
[10]『日本経済新聞』2023年12月22日
[11]『日本経済新聞』2023年12月22日

[12] 野村総合研究所ニュースリリース（2015年12月2日）
[13]『朝日新聞』2024年2月12日

第5章

[1] 遠藤功（2010）『未来のスケッチ』あさ出版
[2]『日本経済新聞』2023年12月23日
[3] 遠藤功（2022）『「カルチャー」を経営のど真ん中に据える』東洋経済新報社
[4] 丸井グループホームページ「新たな成長に向けた『人材への投資』」

第6章

[1] 日本電子に関する記述については、栗原権右衛門会長へのインタビューに加え、『致知』（2024年2月号）、社内報『JEOL NOW』、「翔曜会会報」などを参考にした。
[2] ドリーム・アーツの記述については、山本孝昭社長へのインタビューに加え、「talentbook」（2019年7月31日）、同社の「事業計画及び成長可能性に関する説明資料」などを参考にした。

第7章

[1] 厚生労働省ホームページ「新規学卒就職者の離職状況」2023年10月20日
[2]『朝日新聞』2024年1月1日
[3] 遠藤功（2014）『賢者のリーダーシップ』日経BP社
[4]『日本経済新聞』2023年12月28日

おわりに

[1]『朝日新聞』2024年2月12日

[30]　『生きている会社、死んでいる会社』(2018) 東洋経済新報社
[31]　『「ホットケーキの神さまたち」に学ぶビジネスで成功する10のヒント』(2019) 東洋経済新報社
[32]　『ガリガリ君の秘密』(2019) 日経ビジネス人文庫
[33]　『戦略コンサルタント 仕事の本質と全技法』(2020) 東洋経済新報社
[34]　『コロナ後に生き残る会社 食える仕事 稼げる働き方』(2020) 東洋経済新報社
[35]　『ビジネス新・教養講座 企業経営の教科書』(2021) 日本経済新聞出版
[36]　『サクッとわかるビジネス教養 マネジメント』(2021) 新星出版社
[37]　『「カルチャー」を経営のど真ん中に据える』(2022) 東洋経済新報社

[共著]

[1]　『考える営業』(1994) 東洋経済新報社（村山徹氏との共著）
[2]　『日本企業にいま大切なこと』(2011) PHP研究所（野中郁次郎氏との共著）
[3]　『「IT断食」のすすめ』(2011) 日本経済新聞出版社（山本孝昭氏との共著）
[4]　『行動格差の時代』(2013) 幻冬舎（山本孝昭氏との共著）
[5]　『LFP』(2015) PHP研究所（シャレドア・ブエ氏との共著）
[6]　『令和の現場力』(2019) 日本経済新聞出版社（山本孝昭氏との共著）

遠藤功著作一覧（日本語版のみ）

[単著]

[1]　『コーポレート・クオリティ』(1998) 東洋経済新報社

[2]　『MBAオペレーション戦略』(2001) ダイヤモンド社

[3]　『現場力を鍛える』(2004) 東洋経済新報社

[4]　『企業経営入門』(2005) 日本経済新聞社

[5]　『見える化』(2005) 東洋経済新報社

[6]　『図解 現場力』(2005) ゴマブックス

[7]　『ねばちっこい経営』(2006) 東洋経済新報社

[8]　『事例に学ぶ経営と現場力』(2006) ゴマブックス

[9]　『ビジネスの“常識”を疑え！』(2007) PHP研究所

[10]　『プレミアム戦略』(2007) 東洋経済新報社

[11]　『現場力復権』(2009) 東洋経済新報社

[12]　『競争力の原点』(2009) PHP研究所

[13]　『未来のスケッチ』(2010) あさ出版

[14]　『課長力』(2010) 朝日新聞出版

[15]　『「日本品質」で世界を制す！』(2010) 日本経済新聞出版社

[16]　『「見える化」勉強法』(2010) 日本能率協会マネジメントセンター

[17]　『伸び続ける会社の「ノリ」の法則』(2011) 日本経済新聞出版社

[18]　『経営戦略の教科書』(2011) 光文社

[19]　『図解 最強の現場力』(2012) 青春出版社

[20]　『新幹線お掃除の天使たち』(2012) あさ出版

[21]　『現場力の教科書』(2012) 光文社

[22]　『現場女子』(2012) 日本経済新聞出版社

[23]　『言える化』(2013) 潮出版社

[24]　『賢者のリーダーシップ』(2014) 日経BP社

[25]　『ざっくりわかる企業経営のしくみ』(2014) 日本経済新聞出版社

[26]　『現場論』(2014) 東洋経済新報社

[27]　『［図解］ガリガリ君が教える！ 赤城乳業のすごい仕事術』(2015) PHP研究所

[28]　『五能線物語』(2016) PHP研究所

[29]　『結論を言おう、日本人にMBAはいらない』(2016) KADOKAWA

【著者紹介】
遠藤　功（えんどう　いさお）
株式会社シナ・コーポレーション代表取締役
早稲田大学商学部卒業。米国ボストンカレッジ経営学修士（MBA）。三菱電機、複数の外資系戦略コンサルティング会社を経て、現職。2006年から2016年まで早稲田大学ビジネススクール教授を務めた。2020年6月末にローランド・ベルガー日本法人会長を退任。同年7月より「無所属」の独立コンサルタントとして活動している。多くの企業で社外取締役、経営顧問を務め、次世代リーダー育成の企業研修にも携わっている。
SOMPOホールディングス株式会社社外取締役。株式会社ネクステージ社外取締役。株式会社ドリーム・アーツ社外取締役。株式会社マザーハウス社外取締役。TANAKAホールディングス株式会社社外取締役。
17万部を超えるロングセラーである『現場力を鍛える』『見える化』（いずれも東洋経済新報社）をはじめ、『現場論』『生きている会社、死んでいる会社』『「カルチャー」を経営のど真ん中に据える』（いずれも東洋経済新報社）、『新幹線お掃除の天使たち』（あさ出版）、『ガリガリ君の秘密』（日経ビジネス人文庫）など、ベストセラー著書多数。

新しい現場力
最強の現場力にアップデートする実践的方法論

2024年7月30日発行

著　者――遠藤　功
発行者――田北浩章
発行所――東洋経済新報社
〒103-8345　東京都中央区日本橋本石町 1-2-1
電話＝東洋経済コールセンター　03(6386)1040
https://toyokeizai.net/

装　丁…………井上新八
ＤＴＰ…………アイランドコレクション
印　刷…………ベクトル印刷
製　本…………ナショナル製本
編集アシスト……田中順子／佐藤真由美
校　正…………加藤義廣
編集担当………中里有吾

Printed in Japan　ISBN 978-4-492-53476-2